ILIOTHÈQUE NOUVELLE
à 50 centimes le volume.

ANCE. 60 CENTIMES LE VOLUME.

MÉRY

LES AMANTS

DU VÉSUVE

PARIS
LIBRAIRIE NOUVELLE
BOULEVARD DES ITALIENS, 15, EN FACE LA MAISON DORÉE

1856

LES AMANTS
DU VÉSUVE

PARIS. — TYPOGRAPHIE SIMON RAÇON ET Cⁱᵉ, RUE D'ERFURTH. 1

MÉRY

LES AMANTS

DU

VÉSUVE

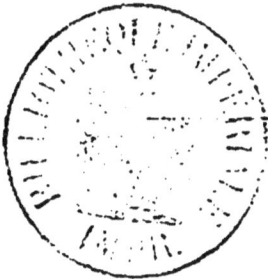

PARIS

LIBRAIRIE NOUVELLE

BOULEVARD DES ITALIENS, 15, EN FACE DE LA MAISON DORÉE

1856

LES AMANTS
DU VÉSUVE

I

Peu de voyageurs ont visité la maison de Solimène.

Elle était bâtie sur le sommet d'une petite montagne, dans la chaîne du Vésuve. Un vaste bois de pins l'entourait ; la façade seule était à découvert. On jouissait là d'un point de vue magnifique : en face, le volcan, la mer au bas, Naples au fond du golfe.

Cette maison, ou, pour mieux dire, ce château, avait une physionomie originale ; l'architecture en était lourde, massive, sans grâce, sans ornement. C'était sans doute une imitation, une réminiscence d'un de ces manoirs féodaux qui abondaient en France. Une tour carrée, à belvédère, dominait l'édifice. On l'apercevait de loin, mêlée aux cimes des pins arrondis en parasol.

1

Il n'y a que des ruines aujourd'hui sur ce sommet : quelques chevriers s'y arrêtent, ou des artistes voyageurs qui cherchent des sites à peindre. Vers la fin du dix-septième siècle, Solimène y avait établi son observatoire et son atelier. A cette époque, ce château était presque entièrement dévasté et à peu près inhabitable.

Le 10 mai 1646 de longs cris de fête couraient autour de ce château, jaillissaient de toutes ses croisées ouvertes, éclataient dans le bois, avec les mystérieuses symphonies des pins, avec les roulades lascives des vagues qui s'éteignaient sur les récifs d'Ischia. On avait épuisé les fleurs des rosiers et des orangers pour faire serpenter des arabesques rouges et blanches de la base au sommet du château. Mille banderoles flottaient sur les corniches ; le drapeau castillan, hissé sur la grande porte, laissait frissonner au vent son lion et sa tour ; la volupté courait dans l'air avec la poussière lumineuse et transparente du Midi, avec les parfums du thym, de l'algue marine, de la mer amoureuse ; avec les sons stridents des mandolines, avec les chants des filles napolitaines, qui dansaient la *tarentelle* sur les feuilles sèches et glissantes des pins. L'entraînement du plaisir ébranlait cette radieuse colline, tant dorée par le soleil, tant caressée par les vagues.

L'objet de la fête était un excitant pour les jeunes gens et les jeunes femmes : on venait de bénir

le mariage de Stellina, vierge de quinze ans, fille
du comte espagnol Las Vegas, le maître du château. Elle épousait son cousin germain, Léontio,
fils du duc d'Ottayano, jeune homme de dix-huit
ans, amoureux comme un écolier, dont un nom
seul de femme brûle les joues, brun et fort comme
un marin d'Ischia, passionné comme un artiste.

Les dames et les jeunes seigneurs espagnols et
napolitains se plaisaient à regarder ces deux enfants époux qui se promenaient dans une allée solitaire, en donnant fort peu d'attention aux jeux
et à la fête splendide dont ils étaient les héros.
Léontio ne voyait que sa jeune femme, celle qu'il
avait tant aimée, tant désirée depuis ce jour où
elle ne lui parut plus une sœur, où elle se révéla
dans tous ses attraits de jeune fille, où elle remplit le château, la colline, les bois, de sa grâce de
vierge, de son atmosphère d'amour et d'angélique
volupté. Léontio la tenait légèrement par la main,
puis il la laissait marcher devant lui, et ses lèvres
frissonnaient ; un feu brûlait sa langue ; le sang lui
tintait au cœur quand il la caressait ainsi de ses regards, cette embaumée création, cette ange si fraîche, si suave, si femme, celle qu'on avait surnommée
la belle blonde aux yeux noirs. Quelquefois, en la
voyant silencieuse, immobile, rêveuse, il tressaillait
comme de peur ; car il lui semblait que Stellina n'était
pas une réalité de femme, qu'elle allait lui échapper
comme une apparition des Lois ou une idée d'ar-

tiste, matérialisée en un instant. Ce qui lui donnait cette folle erreur, c'était le costume qu'avait
revêtu la jeune épouse, c'était la figure nouvelle,
le corps nouveau que ce costume lui donnait ce
jour-là. Par un délicieux caprice, elle avait com-
biné les parures nuptiales de Séville et de Naples ;
sa robe blanche, à long corsage, à pointe de velours noir, était comme la traduction fidèle des
plus gracieuses formes que Dieu ait inventées pour
composer la femme. Les fleurs de l'oranger se-
maient leurs étoiles blanches dans les boucles de
sa belle chevelure; son cou nu, d'une pureté pleine
de vie et de fraîcheur, laissait deviner à l'amoureux
jeune homme toute la somme de plaisir que la nature avait mise dans ce corps de vierge enfantine.
A cet instant même où cette femme était enfin à
lui, où il se complaisait à laisser tomber de sa bouche, en les savourant avec lenteur, ces deux mots :
Ma femme, eh bien, il était craintif et retenu comme
un amant au jour de sa déclaration; il était ef-
frayé de son pouvoir nouveau sur elle, et, quand
il pensait qu'avec un signe d'époux, et dans un
écart de promenade dans l'obscurité du bois, il
pouvait s'initier dans tous les pudiques mys-
tères de sa femme, alors le sang lui manquait aux
genoux, son cœur se gonflait, une rosée amère
desséchait sa langue; si fort et si jeune, il se sentait écrasé par un bonheur aussi pesant que l'in-
fortune. Il s'applaudissait du répit que lui don-

nait une journée de printemps, toujours si longue
avant le tomber de la nuit. Son espoir était de se
préparer, par un noviciat de quelques heures, à
cette immense révélation de volupté, à ce tête-à-
tête nuptial dont la seule pensée étreignait sa
gorge comme un collier de fer.

Stellina regardait son époux avec un air signifi-
catif de résignation douce; mais Léontio ne com-
prenait pas : il vivait dans un monde nouveau, il
avait des larmes aux yeux, des frissons partout; il
commençait des mots dont la fin s'évaporait dans
sa bouche en des roucoulements sourds. Toujours
marchant, silencieux tous deux, ils étaient arrivés
sur une pointe de rocher où était bâti un délicieux pavillon de repos, qui commandait la haute
mer. C'était une rotonde à colonnade étouffée par
des masses de chênes, de myrtes, de tamarins; il y
faisait très-sombre, car la verdure était haute et
fort épaisse; une eau mélancolique tombait d'un
griffon de marbre dans un bassin couvert de larges feuilles stagnantes de nénufar. C'était le seul
bruit qu'on y entendît, et il donnait à rêver. Dans
la salle du pavillon, le grand peintre l'Espagnolet,
par un caprice d'été, avait peint des fresques lascives et de libertines arabesques, comme un artiste les voit en rêve, quand il s'est endormi avec
un désir.

Alors une voix s'éleva, musicale et veloutée, qui

fit tressaillir Léontio, comme s'il ne l'eût jamais
entendue.

— Ah! mon ami, n'entrons pas, c'est le pavillon
interdit aux dames!

— Oh! ma femme, aujourd'hui tout t'est permis, à toi. Viens, reposons-nous; le château est
bien éloigné: entends comme les voix de nos amis
nous arrivent à peine. On a respecté le mystère de
notre promenade. Viens, Stellina! viens, ma femme! nous sommes... seuls.

Ce dernier mot fit pâlir la jeune épouse. Léontio
le répéta tout bas.

Il s'assit, entraînant mollement sa femme sur ses
genoux.

— Laisse-moi t'embrasser, lui dit-il avec une
voix étouffée; c'est la première fois que je goûte
les lèvres d'une femme! Oh! que j'en ai soif!

Stellina poussa un cri effrayant et courut se ca-
cher derrière une colonne. Léontio se leva, mit
l'épée à la main, et cria d'une voix de tonnerre :

— Que venez-vous faire ici, vous?

Cette brusque interpellation s'adressait à un
moine qui s'était encadré dans un arceau d'entrée,
et qui regardait froidement les deux époux.

— Excusez-moi, mon frère, dit le moine; j'allais me retirer quand j'ai vu qu'il y avait indis-
crétion, mais madame m'a tout de suite aperçu.
Je fais la quête dans la campagne, et je m'arrête
toujours un instant ici pour me désaltérer à la fon-

taine. Mon couvent est à l'Annunciada; on peut
en voir le clocher d'ici. Jeune homme, vous êtes
bien prompt à la colère; que Dieu vous garde de
malheur le jour de votre mariage!

— C'est singulier! dit Léontio en souriant; comment savez-vous, mon père, que je me marie aujourd'hui, vous qui n'êtes pas de ce monde?

— Je ne suis pas de ce monde, évangélique-
ment parlant, mais je suis de la campagne de Naples, et votre mariage avec madame a fait tant de
bruit du Vésuve à la Chartreuse, qu'il en est arrivé
quelque chose au jardin de notre couvent.

— Eh bien, dit Stellina, priez Dieu et saint Fran-
çois pour nous! Léontio, donnez quelques ducats
au frère quêteur.

— Nous n'acceptons jamais de l'argent dans nos
quêtes, ma jeune dame; ma besace est vide aujour-
d'hui, comme vous voyez; mais je comptais bien
la remplir avec quelques miettes de votre festin de
noce; j'allais au château dans cette intention : la
table du bon riche n'est pas fermée au pauvre Lazare.

— Nous vous accompagnerons! dit vivement
Stellina; il se fait tard, on est peut-être inquiet au
château.

— Ma compagnie vous sera peut-être importune,
dit le moine en baissant les yeux.

— Elle nous portera bonheur, mon père!

Et ils quittèrent tous trois le pavillon, Léontio
triste et muet, Stellina gaie et légère, le moine

avec un air indifférent à tout, comme un stoïcien qui a pris l'insouciance par métier.

C'était un homme de quarante ans environ, d'une figure fraîche et sereine; il eût été difficile de trouver dans un pli de sa joue, dans une intention de ses regards, la moindre trace d'une passion; c'était la béatitude faite homme. Sa voix était douce et claire comme la voix d'une femme; l'étrangeté de ce timbre avait frappé Léontio et Stellina, Stellina surtout, car Léontio avait entendu les chœurs féminins d'hommes dans la chapelle Sixtine, et il pouvait s'expliquer naturellement la bizarre voix de ce religieux.

En sortant du pavillon, le moine ramassa une épingle d'or tombée des cheveux de Stellina, et la lui rendit gracieusement; la jeune épouse rougit.

Ils arrivèrent au château presqu'à la nuit. Le seigneur Ottayano était allé au-devant de son fils et de sa belle-fille, pour leur annoncer que Salvator Rosa venait de terminer leurs portraits, et qu'on avait inauguré ces deux tableaux dans leur chambre nuptiale.

— Oh! je vais voir le portrait de ma femme! s'écria Léontio. Mon père, gardez-moi Stellina.

Le moine s'inclina profondément devant le duc.

— Il nous a accompagnés depuis... là-bas, ce bon religieux! dit Stellina.

Ottayano regarda fixement le moine, qui se laissa regarder avec sa bonhomie ordinaire.

— Que venez-vous chercher ici, mon père? lui demanda le duc.

Le moine fit un signe de quêteur, en montrant sa besace.

— Est-ce que vous êtes muet, mon père?

— Non, non, répondit le religieux à voix basse et avec un sourire charmant.

— Quel est votre nom parmi les saints?

— Spiridione.

— Et parmi les hommes?

— Dieu le sait.

— Comment! vous ignorez votre nom?

— Je l'ai oublié.

Toutes ces réponses du moine étaient faites à demi-voix, d'un air modeste, les yeux tantôt levés au ciel, tantôt fermés. Ottayano continua cette espèce d'interrogatoire.

— Me tromperais-je, mon frère? je crois vous avoir vu passer tout près du château il y a trois heures environ; vous suiviez l'allée de pins qui mène à Torre di Grecco.

— C'était moi-même! je venais de voir l'économe de la Chartreuse Saint-Martin, et j'avais pris au retour ce chemin, comme le moins long.

— Votre figure ne m'est pas inconnue, mon père; avez-vous vécu dans le monde?

— Jamais.

— Avez-vous des parents?

— Aucun.

— Vous seriez donc?...

— Oui, seigneur.

— Ce n'est pas un crime.

— C'est un bonheur. Je suis tout à Dieu!

Ottayano s'arrêta, comme maîtrisé par une pensée de triste souvenir : il regardait la terre, jouait du bout de sa bottine avec les feuilles tombées, et détachait d'un doigt distrait l'écorce écailleuse d'un pin.

— Si vous le permettez, seigneur, dit Spiridione, j'irai me reposer dans vos écuries; il est fort tard, je ne me remettrai en route que demain. Je me confie à la charité de vos valets pour remplir ma besace.

— Oui, oui, dit le duc toujours préoccupé, je leur donnerai mes ordres, je leur prescrirai d'être charitables... Mais est-ce que vous pouvez vous absenter la nuit, mon père?

— Il y a force majeure; d'ailleurs, j'ai l'autorisation de mes supérieurs. Quand je suis en quête, je passe souvent la nuit hors du couvent, en été surtout.

— Craignez-vous les bandits?

Spiridione fit un léger sourire.

— Les bandits! Oh! ils n'attaquent point les ordres mendiants; ce serait une triste curée pour eux que ma besace : je crains les précipices, ma vue est fort basse; la nuit, je n'y vois pas du tout, et le chemin d'ici au village de l'Annunciada est

fort mauvais; il est pire encore du village au couvent, surtout depuis la dernière éruption. Au reste,
si ma présence vous gêne, j'irai demander retraite
au couvent des Camaldules.

— Oh! mon père, dit vivement Stellina, comment pouvez-vous penser cela? Le jour de mon
mariage, nous refuserions l'hospitalité à un religieux! mais ce serait un crime devant Dieu et
les hommes! Il y a place au château pour tous
les fils de Saint-François; ils seront toujours les
bienvenus, de nuit ou de jour. Venez, venez avec
nous, mon père Spiridione; venez, voulez-vous
prendre mon bras?

Spiridione fit un signe pudique de refus, comme
s'il se fût alarmé à l'idée seule de se mettre en
contact avec une étoffe de femme.

— Madame, dit-il, j'aurai l'honneur de vous
suivre comme valet indigne.

Ottavano, Stellina et le moine sortirent du bois
de pins et traversèrent l'esplanade du château,
tout encombrée d'une foule joyeuse qui salua d'un
long murmure d'admiration la jeune épouse, que
son père soucieux tenait par la main.

L'ardent Léontio était encore dans la chambre
nuptiale : il y était seul; il n'avait pas permis à
son meilleur ami de l'y accompagner, de peur
qu'un souffle profane ne se glissât dans cette vir-
ginale atmosphère, dans cette alcôve sainte où
rayonnait le lit de Stellina. Que de fois l'amoureux

jeune homme croisa dévotement ses mains, comme
pour une prière mentale, devant le magnifique
portrait de sa femme, ce chef-d'œuvre du peintre
napolitain! Qu'il avait bien compris cette vierge
d'exception, le grand artiste! Ce n'était ni une
belle femme ni une jolie femme que son pinceau
avait reproduite : c'était l'idéalisation de l'ange,
avec les formes de la vierge; une de ces figures
qui ne rappellent aucun besoin, aucune infir-
mité, aucune misère de notre triste nature.

Cette jeune femme peinte n'était pas née de
la femme, elle s'était sans doute révélée au monde,
une nuit de printemps, comme une émanation
parfumée; elle vivait de la vie des fleurs ou des
anges. Sous cette chair lumineuse, dorée, transparente, le squelette humain ne se faisait point sentir; l'enivrement d'une exquise volupté vous saisissait devant cette toile, et, quand on la regardait
réfléchie dans la grande glace de la chambre, alors,
par un jeu singulier d'optique, cette délicieuse
figure semblait vivre dans un lointain vaporeux,
ces grands yeux noirs étincelaient sous un front
pur, sous une chevelure ruisselante d'or; alors
l'animation de ce portrait était si complète, qu'on
se serait pris pour lui d'un véritable amour, d'une
passion folle, qu'aucune femme vivante n'aurait
pu contenter. Une nuit passée devant ce portrait
eût paru le bonheur suprême à quelques-uns de
ces jeunes et passionnés Italiens qui ne vivaient

que pour les arts et pour les femmes. C'était à s'é-
puiser d'amour, à se suicider par des excès d'illu-
sions, c'était à se ruer sur cette toile divine, jusqu'à
ce que la couleur eût disparu dans une nuit de baisers délirants, de folles extases!

—Oh! que je suis heureux, s'écria Léontio exalté,
ma femme est encore plus belle que cela! et voilà
le chevet où elle se réveillera demain.

Il sortit, les joues en feu, pour revoir Stellina.
Dans son ivresse, il n'avait pas daigné jeter un
coup d'œil au portrait qui servait de pendant à
celui de sa femme, au sien; c'était encore un admi-
rable ouvrage. Soit modestie, soit oubli, ces deux
tableaux n'étaient pas signés du peintre. Sur un
angle, au bas, on lisait : *Stellina* et *Léontio*, 10
mai 1646.

Il y avait foule sur l'esplanade du château quand
Léontio y descendit ; il découvrit bientôt Stellina,
car elle semblait luire, avec son auréole de cheveux et de chair rose, dans une constellation des
plus jolies femmes napolitaines, l'élite de cette
cour voluptueuse d'Espagnols qui avaient trans-
porté dans la *Villa Reale* les amoureuses traditions
de Séville, de Grenade, de Valladolid. La nuit était
tombée, mais les cent croisées ouvertes du château
versaient des rayons de lumière sur la terrasse, et
cette clarté plaisait mieux aux femmes que celle
du jour; elles passaient avec une gracieuse nonchalance devant les groupes de jeunes seigneurs,

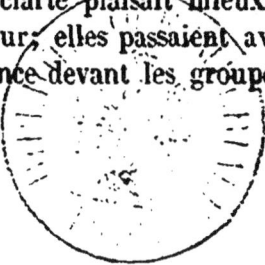

en s'abandonnant à leur admiration; elles marchaient en tournoyant comme une ronde fantasti-
que, appuyant à peine leurs pieds d'enfant sur le
pavé de marbre, la tête penchée sur une épaule,
avec des ondulations de corps si douces à l'œil,
qu'on les ressentait électriquement, comme si on
les avait toutes étreintes à la fois. Un murmure
musical de voix italiennes s'élevait de cette foule
qui ne parlait qu'amour, ne rêvait que plaisir, ne
respirait que séduction. Les grands pins qui cou-
ronnaient le château, ouvrant à la brise du golfe
leurs feuillages d'aiguilles vertes, formaient comme
un orchestre aérien de suave et mystérieuse harmonie; des chansons d'amour sortaient de toutes
les allées, où la nuit et les arbres couvraient tant
de secrètes extases, tant de groupes égarés. Au bas
de la colline, la mer semblait rouler des étoiles en
fusion; la ville et le port échangeaient leurs clartés
vagabondes, le vent s'endormait sur le Pausilippe,
ce vase immense de parfums, et, à son réveil, il
secouait partout ses richesses embaumées, comme
un navire arrivé de Manille ou de Ceylan. A cette
fête napolitaine, le Vésuve s'était chargé du feu
d'artifice: le volcan, comme un officieux voisin,
rapetissait sa formidable voix, et simulait une
éruption avec une fumée diaphane, une esquisse
de laves, une profusion d'innocentes flammes de
Bengale, qui, par une clarté soudaine, trahissaient
toutes les choses secrètes accomplies dans les pins

sur la foi de l'obscurité; car, en ces jours de cor-
ruption, en ces climats de fièvre amoureuse, sur
cette terre des antiques bacchanales, c'était encore
comme aux veillées des fêtes de Vénus : un immense cri d'amour, un irrésistible besoin de volupté, courait dans la foule des adorateurs, tout
autour du temple de la déesse, et l'hymen se voi-
lait les yeux d'un bandeau, pour ne pas voir tant
d'infidèles qui reniaient son inutile protection.

Un singulier incident jeta quelque distraction
dans tout ce monde qu'un jour de mariage avait
fanatisé de plaisir; parmi les valets qui distri-
buaient les rafraîchissements, on remarqua le
moine Spiridione, qui, dans une attitude de mor-
tification, s'était résigné aux fonctions humiliantes
de la domesticité. Il passa, d'un air distrait, devant
Léontio et Stellina; le jeune époux l'apostropha
gaiement :

— Pardon, mon père, quel métier faites-vous
donc cette nuit? Je serai forcé d'écrire au saint-
père pour vous laver de l'interdiction que votre
général va vous lancer un de ces jours.

Spiripione s'inclina, comme s'il n'avait pas
aperçu Léontio et sa femme.

— Mon fils, lui dit-il avec un accent de candeur
touchante et de sainte mélancolie, mon fils, je n'ai
jamais été exposé à la tentation du mal dans ma
vie; quel mérite ai-je devant Dieu si je ne l'ai jamais gravement offensé? La palme ne se donne

qu'à celui qui a combattu, je ne pouvais choisir
une occasion meilleure; tous les piéges de l'enfer
sont ici; je veux voir si je suis assez fort pour dormir dans quelques heures du sommeil des forts, si
je puis braver, avec le secours de la grâce, les im-
purs fantômes des nuits, *noctium phantasmata.*

En achevant sa phrase mystique, il offrit sur un
plateau d'argent de l'eau sucrée au cédrat à Léontio et à sa femme.

Les deux époux apaisèrent leur soif ardente et re-
mercièrent gracieusement leur évangélique échan-
son. Spiridione continua son service volontaire
jusqu'au moment où la cloche sonna le coucher des
époux.

On entendait dans le lointain pleurer minuit au
clocher de la Chartreuse; la façade du château s'é-
teignait de croisée en croisée; les jeunes filles des
campagnes descendaient la colline, en se racontant
les toilettes des dames; les dames et les jeunes
seigneurs retournaient à Naples de toute la vitesse
de leurs chevaux. Les parents et les intimes avaient
été retenus au château; le calme descendait avec
les heures matinales, un silence moral purifiait le
bois de pins; après le rire, la joie, les chansons,
venait cette sourde mélancolie des nuits, cette tris-
tesse aérienne, bien plus sensible dans les lieux
où le marbre semble palpiter encore sous le pied
des danseurs, où les fleurs tombées sont tièdes encore du sein de la femme qui les échauffa.

Léontio était aux genoux de son épouse.

Stellina était assise sur un fauteuil dans sa chambre.

Deux lampes de forme antique éclairaient le groupe nuptial. Stellina était belle à faire mourir d'envie; Léontio tremblait de bonheur. Les portraits semblaient regarder amoureusement leurs originaux.

—Le peintre m'a bien flattée! dit Stellina pour dire quelque chose d'étranger à sa position.

— Il t'a flattée! s'écria Léontio. Lui! et Dieu même ne pourrait peindre une image plus belle que la tienne; les anges de son paradis sont jaloux de toi et murmurent contre Dieu : si tu passais dans le cimetière du Chiaïa, les morts frissonneraient sous ta robe; il t'a flattée, lui, ce peintre impuissant! ne pouvant te peindre, il s'est résigné à faire un chef-d'œuvre. Et puis, cette robe, ces dentelles, ce velours, tout cela n'est pas toi; il a fait des draperies, parce qu'il lui était défendu de voir et de peindre ce que mes yeux seuls peuvent voir... Entends-tu, Stellina?

— Oui, mon ami.

— Donne-moi tes pieds à baiser, je veux les voir nus; donne-moi tes beaux cheveux...

— Mon ami, mon ami, tu me fais peur... Attends... j'ai des frissons; là... je dois être pâle...

— Oui... c'est la pâleur des jeunes épouses, c'est le frisson du lit nuptial. Oh! que tu es belle

avec cette pâleur! Oh! que je te plains! tu ne peux
pas t'aimer! Viens, viens, laisse-moi te porter; je
sens que ma poitrine se rompt. Tiens, tiens, je
pleure de joie! oh! que tu es belle! O Dieu! je
vous remercie, je suis l'élu de votre choix; mon
bonheur m'alarme! que vous ai-je fait pour être
si heureux?... Stellina, Stellina, tu parais souf-
frir!...

— Je te l'ai dit, mon ami, j'ai des frissons... j'ai
froid : laisse-moi remettre ma robe.

— Et moi aussi, j'ai froid, j'ai chaud, j'ai soif,
j'ai tout. Sais-je bien ce que j'ai? mon cerveau
brûle, mes yeux se vitrent, mes dents s'entre-cho-
quent; il n'y a qu'un remède à cela... nous serons
heureux et calmes demain! oh! viens.

— Mais que tu es pâle, aussi, toi, Léontio, bien
pâle, toi si coloré toujours! Regarde-toi au miroir,
mon ami.

— Un crime, c'est une minute perdue à regarder
une autre figure que la tienne. Oh! viens, viens!

— Tes mains sont glacées, Léontio. Mon Dieu,
mon Dieu, j'ai peur!— Ah! il me semble qu'on a
parlé dans cette alcôve... Léontio, mon époux, tes
joues se creusent, tu souffres.

— Oui, oui, un peu. Ce n'est rien. Ah! c'est que
je te désire tant, Stellina! Oh! que ton sein est
beau comme cela! Denoue tes cheveux... là, bien,
laisse-les couler sur ton sein. Ah! je souffre beaucoup, Stellina : je n'ai plus la force de t'emporter

sur mes bras, mes pieds s'engourdissent, ma voix s'affaiblit; et toi aussi, ma femme?

— Mourante, mourante, mon ami, mon époux.

— Grand Dieu! s'écria Léontio en pleurant, que nous arrive-t-il donc?

Et il tourna tristement ses yeux vers le lit. En ce moment il lui sembla qu'une main entr'ouvrait les rideaux de l'alcôve et faisait grincer leurs anneaux de fer.

Léontio s'épuisa dans un dernier effort à saisir son épée, mais il retomba sur ses genoux.

— Réponds-moi, dit-il d'une voix éteinte à sa femme, réponds-moi, parle-moi, Stellina, seulement comme je te parle.

Stellina étendit son bras péniblement, et saisit les cheveux du jeune homme; ses lèvres se mouvaient, comme si elle eût tenté inutilement de répondre, comme si elle récitait quelque prière d'agonie. La mort avait déjà jeté son vernis sur ce corps de jeune femme, si beau dans sa nudité.

En ce moment des voix mélodieuses chantaient la sérénade des noces.

— Oh! oui, oui, chantez, dit à voix sourde Léontio.

Et des larmes tombèrent sur ses joues de cire. Les voix chantaient l'air mystique de Palestrina sur ces paroles profanes :

La vague vient de Sorrente
    Odorante :
Sur nos têtes Vénus luit ;
Comme toi fille de l'onde,
    Belle blonde,
Elle va dorer ta nuit.

Vénus voit ton hyménée ;
    Elle est née
Sur ces flots que nous aimons ;
Elle embaume de sa bouche
    Et ta couche,
Et l'oranger de ces monts.

Laisse tes persiennes vertes
    Entr'ouvertes.
Au balcon des corridors,
Que toute harmonie arrive
    De la rive
Jusqu'à l'alcôve où tu dors.

Entends-tu, dans de doux rêves,
    Sur les grèves
Fuir le flot napolitain ?
Entends-tu la voix touchante
    Qui te chante
Au bord du canot lointain ?

Entends-tu les mandolines
    Aux collines
Où se font les doux larcins ?
Les vagues napolitaines,
    Les fontaines
Qui tombent dans les bassins ?

Entends-tu la douce brise
        Qui se brise
Dans les jasmins espagnols,
Dans les myrtes de nos îles.
        Doux asiles
Où chantent les rossignols?

Ah! toutes ces harmonies
        Sont unies;
El'es parleront demain
A la vierge de la veille
        Qui s'éveille,
Voilant ses yeux de sa main.

Dans cette nuit amoureuse
        Sois heureuse;
Aux bras de ton jeune amant,
Jouis de l'heure présente,
        Séduisante,
Car l'heure à venir nous ment [1].

Léontio étendit sa main vers la croisée, et secoua
la tête avec un mélancolique sourire. Stellina reprit ses sens dans un vif accès de douleur.

— Mon ami, murmura-t-elle, nous sommes empoisonnés !

— Ce n'est pas possible! s'écria le jeune homme
avec un dernier effort de convulsion ; Dieu serait

---

[1] Ce rhythme, si connu dans notre Midi par les vieux cantiques
populaires de *Joseph* et de l'*Enfant prodigue*, doit à Palestrina
un air plein de charme et de naïveté.

criminel de nous faire mourir ainsi. Moi mourir devant toi morte! aujourd'hui!... Non, non, la mort n'est pas faite pour nous, pour toi belle et puissante comme la vie!... Ah! je sens que mes entrailles se fondent!

Stellina toucha les mains de Léontio et lui dit d'une voix éteinte :

— Mon ami, embrasse-moi encore une fois.

Ces paroles suprêmes galvanisèrent Léontio. Il se leva et retomba aussitôt sur le corps de sa femme, en l'étreignant avec des doigts convulsifs.

— Non, dit le malheureux époux, non, nous ne mourrons pas, ceci est une épreuve; va, si nous mourrions aujourd'hui, Dieu est juste, il nous ressusciterait demain.

Des adieux funèbres se murmurèrent lèvres sur lèvres; les deux mariés roulèrent sur le pavé de marbre. C'étaient deux cadavres nus, les plus beaux qu'un fossoyeur ait pollués de sa main.

Alors un homme sortit précipitamment de l'alcôve : c'était le moine Spiridione. Il regarda les cadavres avec une expression de joie satisfaite. Il prit l'aiguille d'or de la chevelure de Stellina, et burina un mot sur la poitrine de la jeune fille. Le sang figé servit d'encre; l'aiguille resta dans la chair : puis il noua une échelle de corde au balcon de la chambre, descendit sur l'esplanade, et s'enfonça dans le labyrinthe des pins.

II

TRANSITION.

A dix heures du matin, hormis quelques paysans
et les valets, personne n'était sorti du château.
Toutes les croisées étaient encore fermées; la cha-
leur s'annonçait déjà sur la plate-forme, une brise
bien légère murmurait dans les bois.

Le comte de Las Vegas et sa femme parurent les
premiers sur le perron du nord, en négligé du
matin; les dames arrivèrent ensuite, mêlées aux
jeunes seigneurs : toute cette société oisive et heureuse marchait avec nonchalance dans la grande
allée de pins; il y avait sur les figures quelques
signes d'abattement et de lassitude.

Un éclat de rire suspendit la promenade et
groupa les promeneurs.

C'était le duc de Matalone qui arrivait du château, en faisant retentir le bois de la bruyante
expression de sa gaieté.

—Mesdames, dit-il, je viens de passer sous la
croisée des deux jeunes époux: devinez ce que
j'ai vu?

Une curiosité muette l'interrogea vivement par
son silence.

— J'ai vu une échelle de corde liée au balcon ; nos deux chers enfants se sont enlevés.

— Enlevés ! s'écria-t-on en chœur.

— Oui, enlevés ! poursuivit le duc. A quoi servent les échelles de corde ? Venez donc voir, mesdames ; le trait est original ; à la première nuit des noces ! c'est neuf dans l'histoire de l'amour.

La compagnie courut follement, le duc en tête, sous le balcon de la chambre nuptiale. La croisée était large ouverte, l'échelle pendait ; toutes les voix crièrent : *Léontio ! Léontio !* La comtesse de Las Vegas appela sa fille avec un accent d'inquiétude. Aucune voix ne répondit.

— Il faut monter, dit le comte, et frapper à la porte. On courut à l'escalier ; la porte de la chambre fut heurtée d'abord avec ménagement, puis secouée avec fureur, puis enfoncée d'un coup de marteau. La chambre fut envahie ; je ne vous dirai pas la scène d'effroi qui suivit. Les deux cadavres étaient étendus au grand jour. Les rayons jouaient avec la gorge nue de Stellina ; la pauvre fille était déjà verdâtre ; chemin faisant, le soleil s'amusait à la pourrir.

On avait emporté mourantes les deux mères : toutes les dames avaient quitté la chambre en poussant de longs cris d'horreur ; les seigneurs Las Vegas et d'Ottayano trouvaient dans leur fermeté d'homme assez de courage pour contempler leurs enfants morts. Ils étaient auprès, debout, les bras

croisés, des larmes aux yeux, muets, et s'interro-
geant quelquefois l'un l'autre par un regard plein
d'expression.

Tout à coup le duc d'Ottayano se pencha vivement sur un des cadavres, en disant d'une voix
sourde :

— Il y a quelque chose d'écrit à la pointe d'une
aiguille; c'est indéchiffrable pour moi... Las Vegas,
vous ne pleurez pas, lisez...

Ottayano lut ce mot : VENGÉ!

— Compris! dit froidement Las Vegas.

Ottayano secoua la tête et prononça d'une voix
presque inintelligible les deux mots: C'est lui!

Puis l'écume jaillit des lèvres de Las Vegas, le
sang gonfla les veines de ses tempes; il roidit fortement ses jambes sur le parquet, et s'écria d'une
voix sourde :

— Le misérable! il m'a mis en défaut hier! Un
instant j'ai cru le reconnaître, un seul instant! Le
fracas de la journée m'a ôté la réflexion!... Il y a
vingt ans que je ne l'avais vu !

— Oui, vingt ans! dit Ottayano... Je le croyais
mort...

— Mais il faut nous venger, Ottayano, il le faut...
Nous enverrons nos braves au couvent de Torre di
Grecco... N'est-ce pas, Ottayano?

Inutile! inutile! le bandit n'est plus au couvent
à l'heure qu'il est.

— Malédiction de Dieu! il nous échappera!... Il

faut partir sur-le-champ, Ottayano, sur-le-champ...
Il faut aller à Naples, il faut aller raconter le crime
au duc d'Arcos... C'est aux inquisitionnaires du
vice-roi qu'il faut confier la recherche du brigand;
les sbires le trouveront, c'est sûr; il aura quitté
l'habit religieux... Il s'est jeté peut-être parmi les
lazzaroni; peut-être est-il en fuite sur la route de
Salerne ou sur la route de Rome Il faut que le
vice-roi nous serve... Allons à Naples, Ottayano.

— A Naples! Oui, demain nous irons à Naples,
mais nous ne pouvons quitter nos femmes aujour-
d'hui...

— Ah! oui, oui. Pauvres mères!

— Le duc de Matalone parlera pour nous au vice-
roi; il s'apprêtait à partir tantôt. Matalone nous
servira; demain nous le rejoindrons à la Villa-
Royale.

— Oui, oui, cela vaut mieux. Allons voir Matalone. Ces pauvres enfants!

Les deux malheureux pères quittèrent cette
chambre funèbre à pas lents et comme à regret.
En sortant, Las Vegas montra le lit nuptial à son
ami; des sourires affreux coururent sur leurs lèvres pâles et frissonnantes. Le lit était encore re-
couvert de sa magnifique étoffe, aux franges flot-
tantes de soie et d'or. Une odeur cadavéreuse courait déjà dans la chambre.

— Ils sont bien morts! dit Ottayano.

Et il ferma la porte, appela un de ses valets, et
le plaça sur l'escalier comme une sentinelle.

Ils se rendirent, chacun de son côté, auprès de
leurs femmes. Elles s'étaient mises au lit avec une
fièvre ardente; elles paraissaient sourdes à toutes
les consolations qu'on leur prodiguait, car le coup
terrible était trop récent.

Le convoi funèbre eut lieu à midi. On porta les
deux cadavres dans une petite chapelle, au milieu
du bois; ils y furent inhumés. Un mois après, ce-
pendant, Las Vegas fit sculpter à Naples un beau
tombeau de marbre blanc, qu'on adossa au mur
extérieur de la chapelle; un prêtre le bénit; on
exhuma les corps, et ce fut là qu'ils furent déposés.
La porte de bronze du tombeau fut scellée; on y
grava cette inscription :

LEONTIO ET STELLINA
MORTS LE 11 MAI 1646, JOUR DE LEUR MARIAGE!

La grande croisée et la porte de la chambre nuptiale furent murées; on avait jeté deux grands
voiles noirs sur les portraits des jeunes époux.
L'ameublement resta intact. On ne lava pas même
la place où les cadavres furent trouvés gisants: une
sueur corrosive, la sueur de la mort et du poison,
avait dessiné, pour ainsi dire, la forme des deux
corps sur le marbre.

Par ordre du duc d'Arcos on fit de sévères per-

quisitions dans la ville et la campagne pour dé-
couvrir le moine soupçonné du crime. Tout fut
inutile. Il n'était plus retourné à son couvent, et le
lieu qu'il avait choisi pour retraite fut un mystère
pour les limiers du vice-roi.

Le souvenir de cette épouvantable nuit laissa
dans le château une teinte lugubre, un nuage de
consternation, que les jours, en s'écoulant, ne pu-
rent effacer. Seulement les deux mères, d'abord in-
consolables, et décidées à subir le suicide du désespoir, se résignèrent à vivre ; la certitude d'une
maternité nouvelle leur avait fait un devoir de se
fortifier contre le souvenir d'un grand malheur accompli. Dix mois après, la comtesse de Las Vegas
mit au monde une fille qu'elle fit nommer Stellina,
et à quinze jours d'intervalle, son amie accoucha
d'un nouveau Léontio. Une joie triste et peu con-
fiante en l'avenir environna le berceau de ces nou-
veaux-nés. Ottayano et Las Vegas avaient fait à
tout le monde, même aux parents ou intimes, un
secret de la grossesse de leurs épouses ; la naissance
des deux nouveaux enfants fut enveloppée du
même mystère. Un prêtre fut introduit clandestine-
ment, et de nuit, par Las Vegas, auprès du berceau, et il les baptisa sans savoir de quels parents
ils étaient nés. Les deux familles poussèrent à
l'excès le scrupule des précautions, afin de dérober
cette sorte de résurrection à l'invisible ennemi qui
calculait si bien ses vengeances, et savait attendre

de longues années pour frapper plus à propos. Las
Vegas et Ottayano, qu'une épouvantable catastro-
phe et les craintes vagues de l'avenir dégoûtaient
de Naples, formaient le projet de passer en Espagne
dès que les deux enfants seraient assez forts pour
supporter le voyage. Les deux mères approuvaient
fortement ce projet; elles avaient pris le château
en horreur.

La fatalité n'avait qu'ébauché son œuvre contre
ces deux familles : lorsqu'elle met ses ongles de fer
sur quelque victime, cette fatalité, elle la torture
longtemps; enfin elle l'abandonne, mais écorchée
vive; puis elle y revient pour ronger le squelette.

Or voici ce qui arriva :

Le 10 juillet 1647, le quatrième jour du règne de
Mazaniello, règne d'une semaine, le peuple se précipita au palais du duc de Matalone pour le mas-
sacrer; le duc s'était enfui. Son frère Joseph fut
décapité à sa place, car il fallait un membre de
cette famille à la vengeance du peuple. On avait
appris que le duc avait payé des gens pour assassi-
ner Mazaniello, et c'était la cause de l'irritation.
Les amis du duc de Matalone furent voués au même
sort, comme complices; les comtes de Las Vegas et
d'Ottayano furent assaillis à Largo di Castello, mas-
sacrés et jetés à la mer. Un lazzarone, qui se faisait
suivre d'une bande nombreuse et dévouée, avait
commandé cette exécution; cet homme inconnu,
mais si fidèlement obéi, comme tous ceux qui mon-

trent dans les révoltes une intelligence supérieure, s'adressa aux lazzaroni, ses compagnons, et leur dit d'une voix calme et douce, voix qui contrastait avec la scène d'assassinat qu'il avait provoquée :

— Mes amis, la mort de ces deux traîtres ne nous suffit point; il faut monter à leur château pour continuer notre vengeance; le duc de Matalone y a cherché un refuge. Il nous faut le sang de Matalone! Venez avec moi.

Le lazzarone inconnu entraîna cette foule, ivre de sang, vers le château du comte de Las Vegas. On n'y trouva que le concierge Stéphano. Ce domestique assista paisiblement à la dévastation de cette belle résidence. L'événement tragique des deux époux avait fait sur lui une si forte impression, qu'il était réduit à un état d'imbécillité. Pendant qu'on ravageait, le lazzarone inconnu marcha droit au tombeau de la chapelle, il ouvrit la porte de bronze, il enleva les cadavres de Léontio et de Stellina, et du haut de la colline il les jeta aux oiseaux de proie qui volent dans la profonde vallée d'Ottayano. Ce luxe de vengeance parut lui faire plaisir; car sa figure rayonnait.

Les deux dames et leurs jeunes enfants auraient probablement été les victimes de ces forcenés et de leur chef mystérieux; mais la destinée leur réservait une autre chance.

Après l'assassinat de Las Vegas et d'Ottayano, le domestique qui les suivait (on le nommait Lime-

rio) courut au château avec précipitation pour ap-
prendre aux deux veuves le sort de leurs infortunés
maris, et les arracher d'une demeure où il pré-
sumait que les assassins se dirigeraient infaillible-
ment.

Limerio se jeta aux genoux de la comtesse Las
Vegas :

— Sauvez-vous, sauvez-vous, dit-il, vous n'avez
pas un instant à perdre; dans une heure la mort
sera dans ce château.

D'autres serviteurs, arrivés de Naples, répandi-
rent l'alarme, confirmèrent le double assassinat de
Las Vegas et de son ami. Les deux malheureuses
veuves tremblèrent pour leurs enfants. Il fut résolu
qu'on abandonnerait sur-le-champ le château pour
chercher un asile dans quelque ville du littoral de
l'Italie.

Limerio était un marin de Procita; il savait conduire une barque à la voile; il était dévoué aux deux
familles. Ce fut à lui que les épouses de Las Vegas
et d'Ottayano se confièrent dans cette heure de désespoir. Elles amassèrent à la hâte leurs bijoux,
leurs diamants, toutes leurs richesses portatives.
Limerio déposa les deux enfants dans un berceau
commun, et cette famille fugitive, composée de
cinq personnes, le domestique compris, descendit la
colline à travers les bois par un sentier détourné,
jusqu'à la petite anse d'Ottayano, où était amarré
une vieille barque dépendante du château.

On mit à la voile; le vent était frais et favorable:
on s'abandonna au vent. Aux approches de la nuit,
le temps tourna à l'orage : la mer, prodigieusement
agitée, tourmentait les deux dames; les enfants
dormaient. Limerio, privé de boussole et ne con-
naissant pas les parages où la force du vent le poussait, manœuvrait pour ne pas être englouti et pour
s'éloigner de la terre. A minuit, la tempête était si
horrible, qu'il parut impossible à Limerio de se
sauver dans sa frêle embarcation.

Pour comble de malheur, une voie d'eau se dé-
clara soudainement, comme si le plancher de la
barque eût été percé par une pointe de rocher en
glissant sur quelque récif à fleur d'eau. Les deux
pauvres femmes poussèrent des cris d'effroi, et elles
élevèrent sur leurs genoux le berceau de leurs enfants, tandis que l'infatigable Limerio rejetait hors
de la barque l'eau qui entrait en abondance. Seul,
il était trop faible pour lutter ainsi contre la tempête et la voie d'eau. Une lueur d'espoir se mani-
festa pourtant; le vent diminua sensiblement aux
premières clartés de l'aube; la mer parut se remettre au calme; on apercevait confusément à l'horizon les lignes sombres de la côte; mais la barque,
qui depuis la veille avait été emportée par le vent
avec une merveilleuse rapidité, n'avançait plus
que fort lentement, car le volume d'eau qui l'enva-
hissait était un fardeau bien lourd, que tous les ef-
forts de Limerio ne pouvaient alléger.

— Nous sommes perdus! s'écria la comtesse de Las Vegas en jetant un regard d'effroi sur le berceau.

Limerio garda le silence.

L'eau montait toujours par la voie ouverte; elle était presque au niveau des deux banquettes. La côte se dessinait légèrement et bien loin.

— Qui dois-je sauver? s'écria Limerio.

— Sauvez nos enfants, répondirent les mères.

— Priez la sainte Vierge pour nous trois, dit Limerio.

Et il prit le berceau, que la voie d'eau atteignait déjà; il le déposa sur la mer tout à fait calme, le dirigeant d'une main et nageant de l'autre.

La barque était submergée. Limerio tourna la tête un moment, et ne vit plus que la flamme verte de l'antenne.

Limerio nagea trois heures avant de toucher la côte; il avait maintenu le berceau dans un parfait équilibre. Les enfants, que leurs mères avaient allaités sur la barque pour la dernière fois, s'étaient rendormis sur leur lit flottant. Limerio, épuisé de fatigue et frissonnant de fièvre, venait enfin de les déposer sur la côte d'Ostie, presque aux portes d'un couvent de religieux clairistes.

Deux frères quêteurs s'emparèrent du berceau et donnèrent des secours à Limerio agonisant. Une hospitalité généreuse lui fut donnée dans une petite maison de campagne qui dépendait du couvent.

Par devoir ou par curiosité, le podestat vint, quelques heures après, faire son enquête sur le naufrage. Limerio était au lit. L'homme de loi l'accabla de questions. L'honnête serviteur répondit d'abord avec vérité aux questions qu'il jugeait insignifiantes. Ainsi il déclina son nom et ceux de Stellina et de Léontio ; puis, craignant de compromettre l'avenir de ces deux enfants que de terribles ennemis avaient sans doute intérêt à détruire, il improvisa une fable ; il dit qu'il était un pêcheur de Civita Vecchia, que, la nuit dernière, il avait recueilli dans sa barque, d'un vaisseau naufragé, ces deux enfants avec leurs mères. Les détails qu'il donna ensuite étaient véritables, ceux mêmes qu'on a lus.

Le podestat promit d'écrire, le jour même, au cardinal Albrucci pour l'instruire du dévouement évangélique de Limerio et solliciter une récompense ; mais le pauvre serviteur se débattait déjà sous les premières atteintes d'une pleurésie qui devait l'emporter au tombeau. Trois jours d'émotions et d'intolérables fatigues lui avaient porté un coup de mort. Il ne se releva plus du lit hospitalier où le quêteur de Sainte-Claire l'avait déposé tout tremblant de l'humidité des vagues. Limerio mourut dans un accès de délire, où il révéla d'étranges choses, des choses qui furent bien mystérieuses à ceux qui les entendirent. A travers l'incohérence des songes récités par Limerio agonisant se glissait

souvent quelque incident vrai des tragiques histoires du château de Las Vegas.

Les deux enfants, la jeune Stellina, le jeune Léontio, furent placés par les frères quêteurs sous la
protection du couvent.

III

A ROME.

Le 2 novembre 1666, un jeune artiste dessinait
un mélancolique paysage de ruines, au milieu des
thermes d'Antonin ; auprès de lui, une jeune fille
blonde, assise sur un chapiteau, travaillait à un
ouvrage de broderie. Ils paraissaient de même âge
l'un et l'autre : dix-huit ans environ. Leur costume
n'annonçait pas l'aisance ; ils étaient tout entiers
à leurs travaux comme si leur pain du jour en eût
dépendu.

Une cloche sonna lentement au campanile de
l'église des saints Nérée et Achilée.

Le jeune homme tressaillit et laissa tomber son
crayon.

— Cette cloche m'a fait peur, dit-il d'une voix
sourde. Stellina, est-ce déjà l'*Angelus* du soir ?

— Non, mon frère, ce sont les derniers glas de

la fête des morts. Nous n'avons pas récité un seul
Miserere.

— En quelle intention l'aurions-nous récité, ma
sœur? dit le jeune homme avec un sourire triste.

— Pour les pauvres âmes du Purgatoire.

— Tu as raison, Stellina. Si les âmes de notre père
et de notre mère sont en souffrance, tu les aurais
soulagées peut-être avec tes prières, toi, Stellina,
toi si pure, si angélique! Écoute, ma sœur, il me
semble que nous perdons nos habitudes pieuses,
nos pratiques dévotes, à mesure que nous avançons
en âge. Il y a trois ans que nous avons quitté cette
bonne maison hospitalière de Sainte-Claire, où
nous avons été élevés si chrétiennement; et cela
me fait peur à penser combien depuis nous avons
pris de goûts mondains, moi surtout, ma sœur,
moi; car tu ne fais, toi, que ma volonté. Tes vertus
t'appartiennent, tes fautes sont à moi. Aujourd'hui,
par exemple, n'est-ce pas un crime devant Dieu et
les hommes d'avoir laissé passer la fête sans avoir
récité les sept psaumes dans quelque coin d'église?
On dirait que nous sommes conduits par un esprit
malin.

La jeune fille se rapprocha vivement de son frère
avec une convulsion nerveuse, et ses grands yeux
noirs se détachèrent d'une manière effrayante sur
la pâleur de son visage.

— Allons à l'église, dit-elle, j'ai besoin de prier.

Viens, mon frère, quittons ces ruines, elles sont trop tristes pour nous.

Léontio écoutait sa sœur, les yeux attachés sur elle : il semblait que cette voix, pleine de notes mélodieuses, l'arrachait momentanément à quelque pensée habituelle d'horrible mélancolie. Stellina ne parlait plus, et Léontio la regardait encore de l'air d'un homme qui écoute. Aux paroles de Stellina avait succédé un étrange silence : le vent d'automne tourmentait la forêt de lichen et de lierre incrustée sur les colossales voûtes des thermes; et à chaque secousse du vent dans les plantes pariétaires, il en tombait une grêle de mosaïques. Par intervalles revenait un calme de désolation : le ciel se plombait de nuages dans toute l'étendue de la voie Appia. Depuis le pied du Palatin jusqu'au tombeau de la fille de Crassus, on ne distinguait pas un seul être vivant. Cet immense désert ressemblait au cimetière de quelque monde où l'on aurait bouleversé les cyprès et les tombeaux.

Ce deuil incomparable qui attriste cette partie de la campagne de Rome agissait sans doute sur l'imagination nerveuse de Léontio; il s'abandonnait avec une sorte de joie à l'impression désolante du paysage; il se prenait subitement de dégoût pour le dessin qu'il avait commencé, et cherchait dans la plaine quelque point de vue nouveau : c'était tantôt la ligne triomphale et brisée des aque-ducs, tantôt la muraille noire et crénelée de la

vieille enceinte aurélienne, ou bien un tronçon de
colonne granitique, ornement du vestibule des
thermes, aujourd'hui gisant sur un lit de violettes,
de marguerites blanches et de gazon. Stellina ne
brodait plus : elle était immobile, les yeux fixes et
sans regard déterminé: on aurait cru voir la statue
de la Pudeur exhumée des ruines. La cloche de
l'église voisine sonna une seconde fois, et la jeune
fille se leva vivement, comme si elle s'arrachait
d'un rêve pénible.

— Viens, mon frère, viens, murmura-t-elle tout
bas, allons prier.

Léontio reprit son manteau brun et usé; il jeta
sur les épaules de Stellina une mantille rouge, et
il se dirigea lentement vers la porte des thermes.
La vieille femme qui leur ouvrit cette porte secoua
tristement la tête en les voyant passer, et les re-
commanda, dans une courte prière, à la sainteVierge.
Ils étaient livides et convulsifs comme des agoni-
sants.

Les portes de l'église se fermaient quand ils parurent devant le porche. Léontio put distinguer
encore les treize cierges de cire jaune qui brûlaient
autour d'un catafalque noir semé de larmes blanches.

— Vous arrivez trop tard, lui dit le sacristain,
on vient de faire la dernière absoute.

Léontio glissa une petite pièce d'argent dans la
main du sacristain.

— C'est pour une messe de morts, dit-il.

Le sacristain ouvrit un registre déposé sur une petite table à l'entrée de l'église.

—En quelle intention faut-il célébrer cette messe? demanda-t-il à Léontio.

—Pour les âmes de notre père et de notre mère.

— Quels noms faut-il écrire?

Léontio ne répondit pas.

— Les noms de votre père et de votre mère. poursuivit le sacristain ; les noms de baptême seulement. Le prêtre les prononce au *Memento*... Vous les avez oubliés?

—Oui, répondit Léontio avec un soupir étouffé.

Stellina s'appuyait sur une des petites colonnes du porche et pleurait.

—Pauvres enfants, dit le sacristain, que les patrons de notre église intercèdent pour vous! Nous vous dirons une messe de morts.

Et il offrit de l'eau bénite à Léontio, et ferma la porte de l'église.

Léontio se serra étroitement dans son manteau, fit signe à Stellina de le suivre, et s'avança d'un pas rapide sur la voie Appienne.

Ils laissèrent à gauche la masure lépreuse qui recouvre les tombeaux des Scipions, et plus loin. cette campagne inculte où s'étend l'immense ellipse de ruines qui furent le cirque de Caracalla. et ils arrivèrent aux limites de Rome aurélienne, au pied de cette tour tumulaire qui a éternisé le plus grand deuil paternel dont la ville de Rome ait été témoin.

Le jour baissait en tournant à l'orage; le vent
d'est s'engouffrait dans la tour de Cécilia Métella,
et la remplissait d'une harmonie lugubre comme
la mélopée des funérailles antiques; les touffes
larges et profondes du lierre éternel qui domine le
tombeau comme une couronne de deuil laissaient
tomber des plaintes à chaque rafale. Parfois on aurait dit que toutes les têtes saillantes de taureaux
incrustées sur la frise mugissaient comme les
grandes victimes de Clitumne devant la hache du
sacrificateur. Le vent qui tonnait sur cette campagne, en se heurtant aux ruines, avait toutes les
paroles, toutes les voix, tous les cris de la désolation : chaque ruine lui donnait sa pensée. Ce vent
jaillissait en mille coups de foudre de toutes les
arches des aqueducs, de tous les portiques du cirque
d'Antonin; il courait sur la voie Appia, et creusait
les dalles avec un bruit de chariots; il se brisait
dans les créneaux des murailles auréliennes, en
imitant les clameurs des barbares de Théodoric :
pas un éclat de ce vent solennel qui ne rappelât
une grande chose éteinte, une chute de colosse,
une lamentation de l'univers.

Léontio s'abandonnait avec ivresse aux embrasse-
ments de cette puissance invisible de l'air qui lui
parlait une langue si bien comprise de son cœur.

— Ah! on respire ici, n'est-ce pas, ma sœur? On
ne souffre pas seul ici, on souffre avec tout ce qui
a souffert, on pleure avec tout ce qui a pleuré. Oh!

comme ce deuil est large! toutes les larmes qui ont
coulé ici, tenues par Dieu en réserve, changeraient
la voie Appienne en torrent. Je puis sourire enfin,
cela me donne un peu de joie.

Et il se mit à examiner avec attention la tour
sépulcrale de Cécilia Métella. En ce moment, des
feuilles de lierre arrachées par le vent tombaient
à flots comme des larmes sur la touchante inscription du tombeau.

— Pauvre fille! et surtout pauvre père! dit
Léontio; qu'elle doit avoir été grande, la douleur
qui s'est exprimée avec tant de simplicité!

CÆCILLE Q. CRETICI. F. METELLE CRASSI.

Rien de plus! et combien de générations se sont
attendries là-devant!... Écoute, Stellina, on est bien
ici, n'est-ce pas? Ce tombeau est vide, choisissons-
le pour notre maison.

— Avec toi, mon frère, un tombeau est un palais.

— Bonne sœur! J'ai pris Rome en dégoût; personne ne me ressemble dans cette ville; je suis là,
dans la rue Saint-Théodore, comme un homme
venu de l'autre monde; les petits enfants ont peur
de moi quand je les regarde, notre voisinage est
mauvais; ailleurs, il ne vaudrait guère mieux:
tous les quartiers de Rome se ressemblent; on n'y
voit partout que des femmes folles de leurs corps,
et ma sœur ne doit vivre que dans une atmosphère
d'anges, ou bien loin des hommes.

— O mon frère! dit Stellina, avec une voix si touchante et qui ressemblait si peu à une voix humaine, qu'on aurait cru entendre sortir du sépulcre la plainte de l'ombre de Cécilia, ô mon frère! je ne vis que par toi: je ne vois que toi dans le monde: je n'entends rien de ce qui se dit autour de nous: ta parole est la seule qui aille à mon oreille: mon horizon est la bordure de ton manteau; si je prie Dieu, c'est parce que tu le pries; si je travaille, c'est pour t'imiter; si je marche, c'est pour suivre tes pas. Je suis bien triste, Léontio; eh bien, si je te voyais rire. je rirais. Mon corps n'est que l'ombre du tien, ma vie est un reflet de ta vie. Quand je prononce ton nom, je voudrais que les syllabes de ce nom fussent éternelles, tant je les savoure avec plaisir; je t'appelle mon frère, parce que je ne crois pas qu'il y ait un nom plus doux; si tu en sais un plus doux, apprends-le-moi. Je n'ai jamais regardé en face d'autre visage que le tien, je ne soupçonne l'existence d'autres créatures humaines que par le bruit qu'elles font en passant auprès de nous. O mon frère! qu'as-tu besoin de me demander des conseils? Veux-tu vivre, je vivrai; veux-tu mourir, je meurs; maison ou tombeau, tout me sera le ciel sur la terre, pourvu que j'entende ta voix bien près de ma voix.

— Ange de Dieu, céleste enfant! dit Léontio exalté, oh! je t'embrasserais avec délices, si les caresses, même fraternelles, étaient permises devant

un tombeau! Non, non, tu ne sais pas combien j'ai
besoin du baume de ta parole; car j'ai des chagrins,
j'ai des douleurs que nul homme ne connaît et qui
font mon visage pâle, qui glacent ma langue, qui
brûlent la racine de mes cheveux; des douleurs si
incompréhensibles, que parfois je me secoue avec
violence comme pour m'arracher d'un rêve étouf-
fant; car de pareils tisons de cerveau ne tombent
que dans les rêves des mauvais sommeils. Un jour,
j'avais fait un ami; tu ne sais pas ce que c'est qu'un
ami... C'est un homme qui vous trompe un peu
plus poliment que les autres hommes; je me pro-
menais avec lui sur la place solaire de l'Arc des
Orfévres, tout près de notre maison; oh! comme
je souffrais ce soir-là! Je voulus m'épancher; je lui
contai mes peines, il ne me comprit pas: je m'ef-
forçai de lui expliquer la nature étrange de ces idées
qui me bouleversaient; eh bien, sais-tu ce que fit
cet ami? il éclata de rire et me traita de fou. Oh!
je ne tuerai jamais personne, car cet ami est sorti
vivant de mes mains! Il vit, ce grand sage! il vit,
il est heureux ou fait semblant de l'être; il se pro-
mène habillé de velours et la main sur un pom-
meau d'épée, tous les dimanches après vêpres, devant Saint-Théodore; il fait des sonnets sur les
beaux yeux des dames; il dîne tous les jours chez
un cardinal; il passe la mauvaise saison à Villa
Pamphili... Que Dieu lui donne une heureuse fin!
il mourra sans s'être douté un instant qu'il a vécu.

Moi, je suis ravi de lui avoir infligé la vie; je l'aurais mis trop à l'aise en le tuant. Depuis, j'ai gardé
mes secrets, c'est un saint trésor qui est en moi;
crois-tu que je doive le confier à ma sœur?

Stellina serra les mains de son frère, et se re-
cueillit pour écouter.

Léontio fit courir ses doigts dans les touffes noires
et bouclées de ses cheveux, et appuya vivement sa
large main brune contre son front; ses yeux noirs
se mouillèrent de quelques larmes. A l'agitation de
sa poitrine nue, il était aisé de voir qu'un grand
effort se faisait en lui, et qu'il éprouvait une peine
insurmontable à traduire avec la parole ce qu'il
avait pensé tant de fois; enfin il parla :

— Ce ne sont pas des douleurs ordinaires que je
vais te conter, ma sœur. Nous ne devons avoir, nous,
que des maux de prédilection; ne sommes-nous pas
les bien-aimés du malheur? Notre vie ressemble-
t-elle à une autre vie? Nous ne savons ni ce que
nous avons été, ni ce que nous sommes. Bien bas
placés dans les différentes espèces d'hommes, il y
a pourtant au fond de nous une fierté naturelle qui
dément notre abjecte condition ; nous sommes
pauvres, non pas comme ces malheureux qui font
espalier de haillons sur la place Montanara, c'est
un autre genre de misère que la nôtre; nos mains
droites ne se sont jamais allongées devant la porte
d'un cardinal; nos bouches n'ont jamais murmuré
cette psalmodie dolente qui fait violence à l'aumône

ou provoque le refus. Nous mangeons du travail
de nos mains, mais notre travail est mal payé. J'ai
longtemps cherché dans Rome un être vivant qui
laissât supposer dans son regard et par son extérieur quelque ressemblance de position avec la
mienne; j'ai vu bien des misérables, mais ils m'ont
paru tous résignés, tous prenant leur indigence en
gaieté, comme chose due; ce que je n'ai jamais re-
marqué sur les visages souffrants, c'est une de ces
contractions rapides, un de ces coups d'œil vers le
ciel qui partent du cœur comme une accusation
contre Dieu. Si j'avais surpris une seule fois un
homme en peine flagrante, en conviction de malheur, je lui aurais tendu la main; il m'aurait compris, nous nous serions associés pour faire notre vie
avec moins de poids sur le cœur. Un jour, je vis à
la grille de l'église de Saint-Georges un homme
assis qui pleurait; il faut se méfier des pleurs, ce
n'est bien souvent que de l'eau pure; je demandai
avec intérêt à cet homme le motif de son désespoir:
il avait perdu son enfant. Perdre un enfant, c'est
une douleur de la vie, douleur admise dans la
langue humaine, douleur classée et qui a un nom;
aussi la marche à suivre est toute simple pour se
débarrasser de ces douleurs-là : elles ont leurs
phases, leur progression, leur décroissement. Le
lendemain, je rencontrai devant Saint-Paul ce père
désolé; il ne pleurait plus. Au carnaval, je le revis;
il courait avec les masques, en habit d'arlequin.

J'ai donc reconnu que mon être s'isolait complète-
ment des autres êtres, que mes chagrins n'avaient
pas de mot qui les traduisît aux hommes, que dans
cette grande ville qui a tant gémi, dans cette ville
rongée jusqu'au squelette par toutes les plaies de
l'univers, dans cette Rome toute lézardée à force
de convulsions, jamais un habitant ne me com-
prendrait, et qu'il était inutile de me mêler au vul-
gaire pour échanger des mots et des sons qui ne
seraient jamais dans le sens de l'idée qui m'absorbe
tout entier. Ainsi je me suis réfugié dans ma soli-
tude; j'ai quelquefois ressenti un mouvement de
fierté, en pensant que j'avais inventé une souffrance,
que j'avais créé un malheur. Qui suis-je donc?

Ce que je suis? oh! assieds-toi, assieds-toi, Stellina, là, sur cette frise : les ruines sont nos fauteuils,
à nous...

Ce que je suis? oh! si tu pouvais parler en ce
moment, ombre de jeune fille qui voltiges autour
de nous! ce que je suis, Stellina! un homme comme
un autre homme? impossible! je ne me suis jamais
assis à leurs banquets; je n'ai jamais fait de liba-
tions avec eux : je ne connais ni leurs théâtres, ni
leurs jeux, ni leurs plaisirs, ni leurs douleurs, ni
leur folle confiance, ni leur désespoir. La ville
qu'ils habitent m'étouffe comme une prison. Je me
suis retiré à la lisière, là où commence le grand
chemin des tombeaux. Là, je me sens dans mon
domaine; j'aime les tombeaux, non point ceux où

le ver a quelque chose encore à faire, mais les
tombeaux qui sont devenus eux-mêmes squelettes;
et, gloire soit à Rome, ce luxe funéraire ne lui
manque pas! Ville désolée qui porte partout les insignes du néant; qui s'appuie d'un côté sur le
tombeau d'Adrien, de l'autre sur cette tour de Cécilia, comme une vieille reine débauchée sur deux
favoris. Oui, j'aime les tombeaux comme on aime
sa maison natale; je les aime, non pas parce que
je dois y rentrer un jour, mais ..

— Mon frère! s'écria Stellina.

— Parce qu'il me semble que j'en suis sorti!

Stellina s'était jetée dans les bras de Léontio, en
disant d'une voix sourde :

— J'avais deviné!

Le jeune homme la serrait sur sa poitrine, baisait
sa bouche, son front, ses cheveux, avec un délire
qui n'avait rien de fraternel. Des paroles s'échangeaient entre eux; mais la tempête les couvrait de
sa voix. Une nuit horrible était déjà tombée. Quelques rares éclairs illuminaient par intervalles la
tour de Cécilia et la ligne de remparts; tout le
reste de la campagne gardait alors une teinte livide.
La cloche de Saint-Paul sonnait l'office du soir, et
les sons portés par le vent semblaient tourbillon-
ner dans la tour vide, comme si ses pierres eussent
été d'airain. Les deux jeunes gens se tenaient
étroitement embrassés : un éclair éblouissant les
fit tressaillir. Léontio se leva vivement, car il lui

sembla un instant que la sainteté de leur entretien
était violée; l'éclair, vif et large, avait illuminé
les bas-reliefs de marbre : des figures de femmes
éplorées, de suppliants, de sacrificateurs, s'étaient
animées à la lueur du météore, et l'on eût dit
qu'un cortége de funérailles s'avançait vers le tombeau.

— Tu le vois, s'écria Léontio les mains vers le
ciel; tu le vois, Stellina! l'enfer est irrité contre
moi; j'ai violé mon secret; j'ai trahi une confidence
de la tombe, et... j'ai plus fait que cela!... J'ai eu
une idée!... une idée affreuse! Oh! l'excès du malheur nous conseille quelquefois la consolation du
crime! Stellina, j'allais oublier que tu étais...
Viens, viens, ma sœur, ma sœur, ma bonne sœur!
Viens; rapprochons-nous des demeures de l'homme;
viens, ce lieu est maudit!

Ils descendirent le petit tertre de gazon sur le-
quel est bâtie la tour. Léontio tenait la jeune fille
par la main, et il lui disait, en marchant sur la
voie Appienne :

— Cette idée épouvantable que je ne suis pas né
comme un autre homme, que ma vie me vient de
la tombe, que j'appartiens à une classe d'êtres in-
termédiaires entre l'homme et le démon, cette idée
de désespoir me reste là fixée au front, et domine
toutes mes autres idées. La nuit, je fais des rêves
affreux, des rêves qui troublent bien souvent ton
sommeil, ma pauvre sœur; car souvent je t'ai

trouvée au chevet de mon lit, la lampe rallumée
et ta belle figure toute luisante de sueur ; tu devais
avoir entendu ces épouvantables mugissements
qui me réveillent moi-même lorsque je me sens
étouffé par mon rêve habituel. Il me semble alors
que je suis inhumé bien profondément, cloué dans
une bière, enveloppé à l'étroit de langes comme
une momie ; je respire une odeur d'herbes grasses,
de suaire, de cierges éteints ; je sens se glisser sur
ma poitrine, à travers les langes, quelque chose de
rampant et de glacé qui me pique comme la pointe
d'une épée ; j'entends bien au-dessus pleurer le
vent, dans de hautes herbes, avec des chants d'é-
glise, et des coups de bêche sur des fosses. Une
teinte blafarde tombe autour de moi comme un
éclair d'orage qui ne s'évapore pas. Oh ! ce que je
vois alors est si affreux, qu'aucune langue n'a de
mots pour le dire, aucune oreille assez de force
pour l'écouter. Je roidis mes bras pour rompre
mon étroit suaire, je m'épuise à prendre de l'élan
pour me lever ; mais j'ai comme un carcan de fer
aux pieds et au cou ; et quand, à force de convulsions, je parviens à faire un mouvement, mon front
se brise contre une voûte plate et gluante sous la-
quelle je suis écrasé. Et j'ai le sentiment de mon
existence, je me rends raison de mon état, j'éprouve
la faim, je brûle de soif ; je contracte mes lèvres
pour tâcher de saisir quelques racines terreuses qui
pendent, pour humecter ma langue en feu à l'hu

4

midité de la voûte. Je ne saisis rien; je m'efforce
à pleurer afin de boire mes larmes, mon œil reste
sec. Je m'essaye à la résignation, mais je n'arrive
qu'au désespoir. C'est par une violente crise de désespoir que je me délivre; tout mon cœur se roidit.
Après bien des râles et des sanglots étouffés, un cri
sort de ma poitrine et me réveille, et il me faut
du temps encore pour me convaincre que l'horrible
rêve est fini. Que me veut donc ce rêve? Quel pacte
ai-je fait avec lui? C'est ce rêve familier qui m'a
fait prendre en horreur la seule consolation offerte
par le ciel au malheur, le sommeil. N'est-ce pas
injuste, qu'après une journée désolante on retrouve
dans le remède du sommeil des mensonges plus
déchirants que les maux réels? Mais qui a donc
fait ce monde? Oh! cela me pousserait au blas-
phème!

— Mon frère! mon frère! s'écria Stellina tout en
pleurs, calme-toi, ne parle plus; ta main brûle, tu
es malade...

— Non, non, je veux tout te dire ce soir, tout;
après je ne te parlerai plus de moi... Écoute, écoute
encore, et surtout tâche de me comprendre; je te
demande plus que de l'intelligence, je veux de la
divination. Nous sommes du même sang; notre or-
ganisation, à coup sûr, est la même; tu vas me
dire si tu me comprends.

Souvent, dans ma vie, il m'est arrivé, toi étant
assise à côté de moi, ou moi te donnant le bras en

nous promenant, il m'est arrivé d'être bouleversé
par une pensée singulière; dans la position relative
des objets extérieurs à nous, dans la combinaison
accidentelle de nos mouvements, de nos gestes, de
nos regards, sous tel aspect du ciel, telle forme de
nuages, telle ondulation de montagnes, telle couleur du jour, je crois soudainement me rappeler
qu'à une époque inconnue de ma vie les mêmes
choses, les mêmes aspects, les mêmes sensations,
m'ont été offerts, sans qu'il y manquât un seul ac-
cident. Alors il m'est donné de voir mon souvenir
en tableau réel. Il est vrai que cette impression est
fugitive, qu'à peine reçue elle s'évapore : mais
l'ébranlement qui la suit est si fort, que je ne puis
me croire victime d'une illusion, et d'ailleurs peu
de jours s'écoulent sans que cette secousse d'imagination ne soit renouvelée. Tu te rappelles la noce
du seigneur Corsini, tu sais que je cédai à ta curiosité, et qu'en descendant des vêpres de San Pietro
in Montorio nous entrâmes dans le jardin du noble
époux pour voir la fête...

— Oui, oui, je me souviens de ce jour, dit Stellina. Oh! que tu étais pâle en rentrant le soir à la
maison!

— Tu vas voir, ma sœur. Le jardin Corsini était
illuminé; la nuit était belle et embaumée de citronniers; les pins chantaient sur le flanc du Janicule; il y avait du plaisir et du bonheur dans l'air;
je croyais habiter un autre monde. Nous nous pro-

menions sous une treille, et à l'écart de la foule:
nous nous efforcions d'être heureux, à bien peu de
frais, avec les parfums de la colline, la musique
lointaine de la noce, et le doux bruit des cascades.
Je n'étais jamais entré dans le jardin Corsini, je
n'avais jamais vu de ce côté ni Rome, ni le Janicule, ni les touffes de pins, ni les allées de citronniers. Eh bien, il se passa tout à coup dans l'air,
dans le jardin, dans les reflets des lumières du bal
sur la terrasse de marbre, dans l'accord de la musique, du chant et des eaux, il se passa quelque
chose de mystérieux souvenir qui me cloua par les
pieds sur le gazon où je marchais. Je te regardai,
et tes yeux étaient dans les miens; c'est la seconde
fois de ta vie que tu m'as donné ce regard; c'est la
seconde fois que j'ai vu ainsi ta figure, doucement
penchée en arrière, comme pour attendre un baiser
d'époux; c'est la seconde fois que nous nous sommes arrêtés ainsi tous deux, quand les étoiles lui-
saient, quand les citronniers embaumaient l'air,
quand on dansait sur le marbre, quand les vitres
d'un palais renvoyaient le feu des lustres sur l'é-
corce des pins, quand une volupté irritante s'exha-
lait des robes de la femme, quand le cœur fondait
d'amour, et qu'un mystère de passion langoureuse
se révélait dans toutes les voix de la nuit. C'est la
seconde fois, Stellina, que j'ai vu ce tableau, ou,
pour mieux dire, je ne l'ai pas vu, je l'ai revu...
Mais la première? la première? Oh! voilà l'abîme...

Mais, bien sûr, ce n'est pas dans ma vie d'aujourd'hui, dans ma vie de mes dix-huit ans!

Ma sœur, ces pensées, ce délire, cette fièvre, ces révélations, tout cela me tue; c'est de la folie peut-être, et je suis assez raisonnable quelquefois pour le croire; mais, folie ou non, que m'importe, si une pareille maladie est mortelle! Ne crois pas, au moins, que je redoute la mort: la mort sera peut-être le commencement de ma vie! Je me regarde comme un homme qui se serait fait une habitude de mourir. Mais je ne suis pas seul, ma pauvre enfant! je veux vivre, puisqu'on appelle vivre ce que je fais; je veux pourvoir à tes besoins, comme un père, ma bonne sœur! Tu as besoin de moi : eh bien, Stellina, je me guérirai. C'est l'air de Rome qui m'empoisonne; rien de plus triste que la douleur de cette ville, si ce n'est sa gaieté. Moi, si impressionnable aux objets extérieurs, j'ai besoin, sans doute, de vivre sous un ciel plus riant, dans quelque résidence gaie et radieuse, comme on en trouve tant sur les bords de la mer. Il me faut la mer; on dit qu'à Naples elle est bleue et belle à rafraîchir le sang d'un damné; allons à Naples : j'ai idée que nous serons heureux dans quelque cabane d'Ischia, sous quelque treille du Pausilippe. Demain j'irai voir Salvator Rosa, le Napolitain; il aime les artistes ou paraît les aimer; je lui demanderai des conseils, il m'en donnera, cela coûte si peu! Le trajet est court; notre voyage sera bientôt arrangé. Y consens-tu, ma sœur? veux-tu aller à Naples?

Stellina embrassa Léontio.

— Nous partirons! dit Léontio; c'est Dieu, sans doute, qui m'inspire ce projet.

Ils étaient arrivés devant la porte de leur maison. C'était une rue bien solitaire; toutes les lumières étaient déjà éteintes dans le quartier; on ne distinguait que la lueur d'une lampe à travers les vitraux de Saint-Théodore; on n'entendait que le bruit de la fontaine qui coule au bout de la rue, sur la lisière du Campo Vaccino.

IV

SALVATOR ROSA.

Par une triste matinée d'automne, Léontio sortit de la rue Saint-Théodore et traversa le Tibre dans une de ces petites barques qui étaient amarrées aux colonnes du temple de Vesta. Il gravit lentement le mont Janicule, et, parvenu au sommet, il entra dans l'église San Pietro in Montorio pour entendre la messe. Le pauvre jeune homme, exilé du monde, aimait à se réfugier en Dieu. Il s'agenouilla devant le tableau de la *Transfiguration*, de Raphaël, et le

radieux chef-d'œuvre lui donna un peu de ce calme,
un peu de cette sérénité douce que les beaux-arts
portent avec eux. Léontio se comparait au jeune
possédé du tableau, à cet enfant livide et torturé
par l'esprit malin, et il levait ses yeux au sommet
de la montagne pour rafraîchir son visage à cette
resplendissante atmosphère où flottent les élus du
Seigneur, à ce nuage céleste et limpide, doux à
l'œil comme le crépuscule du ciel. Il sortit de l'é-
glise et s'assit sur une pierre de la plate-forme; il
se sentait serein et léger, comme s'il était descendu
du Thabor. La ville éternelle qui s'étendait sous lui
avait emprunté au soleil levant une teinte jaune
comme les feuilles tombées; teinte d'harmonieuse
mélancolie, qui n'avait rien de lugubre, la seule
peut-être qui soit supportable aux yeux de l'homme
tourmenté; car elle n'a pas les rayons éblouissants
et ironiques du bonheur, ni la sombre désolation
qui conseille le désespoir.

Léontio était sur le point de renoncer à sa visite.
Cette Rome, dont il avait tant médit la veille, lui
apparaissait aujourd'hui avec cette majesté tran-
quille dont le parfum est une consolation. Elle
avait bien souffert, cette reine des reines, cette
Rome consulaire, cette Rome impériale, et pas une
plainte ne s'élevait de son sein tout mutilé. Cité
païenne ou sainte, ointe d'eau lustrale ou d'eau
bénite, elle montrait la double palme du stoïcisme
et du martyre. Qu'elle était belle ainsi, vue du

Janicule, cette consolatrice des affligés! Toujours
en deuil, comme Rachel et Niobé, toujours inconsolable, parce qu'ils sont morts, ses glorieux enfants, qui furent plus nombreux que les étoiles du
ciel; et pourtant quelle magnifique tolérance au
cœur de la cité meurtrie! Des mains chrétiennes
ont prêté secours aux murailles croulantes du Co-
lysée; les fils des martyrs ont replacé pieusement
au Capitole la statue du Dieu, rougie encore du sang
de leurs pères. Une main pacifique protége la py-
ramide de Caius Sextius et les catacombes voisines
de Saint-Sébastien. Les ombres des consuls s'entre-
tiennent avec les ombres des saints; les colonnes
triomphales fraternisent avec les clochers, les
obélisques avec les dômes, les louves nourricières
avec la croix. Léontio, à la veille de quitter Rome,
s'avoua qu'il aimait cette ville; il reconnut que
toute plainte, tout malheur, d'imagination surtout,
devait se taire et se résigner devant la capitale des
ruines, la souveraine des tombeaux. Il avait déjà
fait quelques pas pour descendre du Janicule, lorsqu'il s'arrêta brusquement sous le regard d'un inconnu assis sous l'*Acqua Paola*.

C'était un homme, vêtu magnifiquement; ses
doigts étincelaient de rubis et d'émeraudes; la soie,
le velours, la dentelle, les pierreries, se combi-
naient sur sa personne avec un véritable goût d'artiste; il portait une épée au fourreau de vermeil.
Sa tête était plus remarquable encore que son cos-

tume de prince. Il y avait des muscles sur son
visage pour tout exprimer; ses yeux flamboyaient
de génie, ses lèvres avaient la contraction dédai-
gneuse de l'ironie perpétuelle; sa couronne de cheveux noirs donnait à sa physionomie un caractère
sombre et menaçant.

— Vous paraissez bien triste, jeune homme, dit
l'inconnu à Léontio; avez-vous perdu votre maîtresse?

Cette demande fut faite d'un ton si vif, si leste,
et avec un organe si impératif, que Léontio se crut
obligé de répondre.

— Seigneur, dit-il, je vous remercie de l'intérêt
obligeant que vous me portez sans me connaître.
Malheureusement je n'ai rien à répondre à Votre
Excellence.

— Mon ami, dit vivement l'inconnu, je ne suis
pas noble et ne me soucie point de l'être; je suis
ton égal, parle-moi sans crainte ni réserve : as-tu
besoin d'un service? veux-tu de l'argent? Ta figure
me plaît, tu as dans l'œil le feu de l'artiste; ta joue
est pâle, non de souffrance, car tu es fort, mais de
pensée, car tu es nerveux. Confie-toi à moi; voyons,
parle : je veux t'obliger.

— Mais à qui suis-je redevable de tant de bonté
gracieuse?

— T'ai-je demandé ton nom pour te rendre un
service? pourquoi me demandes-tu le mien? Mais
je respecte ton scrupule : tu dois être candide et

bon. Je suis Salvator Rosa. Maintenant acceptes-tu
mes offres ?

A ce nom, Léontio s'inclina de respect.

— Maître, dit-il avec émotion, c'est Dieu sans
doute qui m'a conduit par la main devant vous :
je vous cherchais. Je sais que vous êtes obligeant
pour les artistes. Je suis peintre par goût et par
métier ; ma sœur et moi nous vivons du pinceau :
je travaille pour le seigneur Corsini, dont on voit
d'ici le palais. Un besoin de voyage se fait sentir
en moi. Rome est la seule ville que je connaisse,
car je ne compte pas Ostie, où je suis né, si je suis
né quelque part. Je veux voir Naples et la mer :
c'est plus qu'un désir, c'est un besoin. Mon existence, qui appartient à ma sœur, est peut-être at-
tachée à ce voyage. Vous, maître, qui êtes Napolitain, vous me donnerez des conseils et des in-
structions : c'est tout ce que je réclame de votre
bonté. J'ai de l'argent assez pour vivre, si c'est
vivre, ce que je fais.

Salvator Rosa regardait fixement Léontio sans lui
répondre ; et Léontio, en attendant la réponse,
écrivait le nom de Stellina, du bout du doigt, sur
la nappe d'eau claire et unie de la fontaine de Paul.
Salvator ne cessait de considérer le visage de Léontio que pour lever ses yeux au ciel, comme pour
se rendre compte d'un souvenir confus.

— Quel est ton nom ? lui demanda-t-il d'un air
soucieux.

— Léontio. (*Et il sourit.*)

— Léontio! Oui, je crois que c'est bien cela. Mais il y a tant de Léontio! Et ton nom de famille?

(*Après un soupir.*) — Toujours Léontio.

— Où demeures-tu à Rome?

— Rue Saint-Théodore, vis-à-vis l'église.

— Te souviens-tu de m'avoir vu, Léontio, avant cette rencontre?

— Jamais.

— Eh bien, moi, je t'ai vu, mais il y a bien longtemps. Où; je n'en sais rien; tous mes souvenirs se confondent. Quel âge as-tu?

— Dix-huit ans.

— Dix-huit ans! (*Salvator baissa la tête et ferma les yeux pour se recueillir.*) Oh! je t'ai vu, je t'ai vu. Tu as une sœur, dis-tu? Comment se nomme-t-elle?

— Stellina.

(*Salvator fit un mouvement de surprise.*)

— Est-ce bien ta sœur?

— Mais oui.

— Ta femme peut-être, ta maîtresse... (*Léontio lança un regard terrible à Salvator.*) Oh! ne t'offense pas de ma demande, mon jeune ami; je ne l'ai pas faite par un caprice de curiosité. Le nom de ta sœur me frappe, je l'ai entendu dans ma vie, je crois même l'avoir écrit; mais il me semble qu'elle n'était pas la sœur de l'autre. Ma mémoire me trahit, je ne sais plus où j'en suis. Elle est brune, ta sœur, n'est-ce pas, avec des yeux...

— Non, ma sœur est blonde.

— Oui, oui, oui, blonde avec des yeux noirs, une figure d'ange. (*Léontio se tut et pâlit.*) Ma foi, je suis complétement désorienté, mon cher Léontio! je perds la piste de mes souvenirs. Il est vrai que j'ai une vie si pleine, qu'il n'y a pas de place pour tout dans ma tête. C'est une confusion d'objets... Tu es bien pâle, Léontio; souffres-tu?

— Non.

— Ta figure se décompose, ce n'est plus celle d'un être vivant. Oh! laisse-moi prendre au vol cette expression de terreur, ce reflet de l'autre monde. (*Il déroula une feuille de papier et saisit son crayon.*) Je ne te demande qu'une minute; jamais je ne retrouverai ce bonheur de modèle. (*Il dessina.*) Il y a dans ce cœur une pensée d'enfer. Je ne me doutais pas de rencontrer mon fantôme à l'Acqua Paola. Tous ces Italiens ont un rire éternel sur les lèvres. Enfin, j'en ai trouvé un sérieux comme Satan. J'aurais donné trente écus d'or pour cette séance. Tiens, regarde mon croquis, Léontio. Je vais t'immortaliser. Remercie le hasard. Voilà ta tête; je vais la prêter à mon spectre de Samuel évoqué par la pythonisse d'Endor. Mon tableau représente le moment où tu sors du tombeau.

— Assassin! s'écria Léontio d'une voix tonnante, tais-toi, ou je te tue d'un coup de poignard!

Salvator Rosa demeura interdit; il se laissa ar-

racher le croquis de la tête de Samuel, que Léontio déchira brutalement. Revenu de sa surprise, le
peintre riait aux éclats, et rappelait Léontio ; mais
le malheureux jeune homme descendait la pente
rapide du Janicule avec tant de précipitation,
qu'on eût dit qu'une pensée de désespoir le poussait au Tibre.

Léontio reparut devant sa sœur, tout haletant de
sa course et de son émotion. « As-tu vu Salvator
Rosa? demanda-t-elle. —Oui. —T'a-t-il bien reçu?
—Oui.—Il t'a donné de bons conseils?—Oui. Par-
tons-nous pour Naples? — Oui. — Et quand? — Demain. »

Quatre jours après, Léontio entrait avec Stellina
dans la modeste hôtellerie de la *Lyre d'Apollon*, sur
la place des Pins, à Naples.

V

LA CHARTREUSE SAINT-MARTIN.

Naples est une ville qui peut donner à l'étranger
tout ce que l'étranger lui demande: cette Venise
de la Méditerranée est folle ou sérieuse comme sa
sœur de l'Adriatique ; elle a du fracas et du silence,
des fleuves et des laves, de l'ombre et du soleil,
des rues de palais et des rues de tombeaux, des

montagnes décharnées et des îles toutes rouges d'o-
ranges, toutes dorées de cédrats. A Naples, le malheur ressemble au bonheur du reste de la terre; à
Naples, le bonheur vaut mieux que son nom. A
Naples, l'homme qui peut dire: Je suis heureux,
fait envie à Dieu même. Un jour de caprice, la
nature voulut faire un paysage complet; elle dessina mollement des collines; elle arrondit un
golfe gracieux, elle le remplit des plus belles vagues
que la mer ait azurées; elle fit flotter sur ces vagues, des îles de fleurs et de palmiers; elle fit monter en amphithéâtre les bois de pins, les treilles
aux larges pampres de vignes, les touffes de citronniers, les acacias aux diaphanes ombrages, les arbres de Grenade et de Judée qui mêlent leurs teintes rouges aux jasmins du Guadalquivir; la nature
fit Naples, Misène, Sorrente, le Pausilippe, Ischia.
Un démon en fut jaloux; il jeta le Vésuve devant
la cité voluptueuse; et Naples accepta le volcan,
comme le complément philosophique du paysage.
Le volcan résume en lui toute la sagesse des poëtes
latins; c'est lui qui crie par la voix de son cratère:
—O vous qui vivez, cueillez le jour comme une
fleur; la fleur dure peu; jouissez-en quand elle est
fraîche; mortels, usez de la vie, la vie n'est faite
que de peu de jours; aimez et riez aujourd'hui;
demain il vous faudra passer le Styx.

Plus d'espoir de vie heureuse au monde,
quand on ne l'a pas au moins entrevue à Naples.

Léontio, qui s'était exilé de Rome, trouva quelque
ombre de quiétude sous la treille du Pausilippe. Il
s'occupait de son art avec délices ; la peinture devint pour lui plus qu'une distraction, ce fut une
véritable volupté d'artiste. Le soir, accompagné de
la rêveuse Stellina, il allait étudier ces admirables
teintes d'horizon, ces mobiles reflets de colonnes
sur les vagues, ces fantastiques embrasements de
forêts marines, ces sommets rayonnants au-dessus
des vallons déjà sombres, tout cet ensemble de flot-
tante et vaporeuse lumière qui accompagne le soleil de la mer à son couchant. Il s'en revenait ensuite à son humble hôtellerie avec des idées moins
tristes et une provision de sérénité pour le sommeil de sa nuit. Mais l'ardent jeune homme rap-
portait aussi de sa promenade un mystérieux besoin d'amour, dont il s'expliquait trop bien la cause
secrète. Tous ses regards n'avaient pas été donnés
aux paysages du golfe ; il s'était réservé des dis-
tractions pour des accessoires délicieux qui le
poursuivaient encore à travers le faubourg de
Chiaïa. Il avait vu passer sur les chaloupes de gracieuses et souples images, de fraîches figures aux
cheveux flottants, de doux nuages de satin et de
soie ; apparitions enchanteresses qui se mêlaient
avec tant de bonheur à l'éclat limpide du golfe, à
la molle langueur des collines dorées, aux lits de
gazon baignés par la vague, aux grottes secrètes
du promontoire lointain. Rentré chez lui, il s'as-

seyait comme un homme brisé par la fatigue ; il
n'était qu'épuisé de désirs. Alors Stellina posait la
lampe sur une table, et, avec l'innocent abandon
d'une sœur, elle enlaçait la tête de Léontio
dans ses bras nus, et collait ses lèvres sur son
front.

— Ma sœur, lui disait quelquefois Léontio, tes
caresses me font mal, le soir, à la clarté de cette
lampe. Je n'ose, moi, t'embrasser que le jour ; laisse-moi seul, Stellina, j'ai trop besoin de me rappeler que tu es ma sœur. C'est une idée douce, n'est-
ce pas ? Eh bien, elle me tue.....

La jeune fille rougissait ; elle ne trouvait aucun
mot pour répondre : Léontio la regardait sortir et
n'avait pas la force de la rappeler ; il écoutait avec
une sorte de volupté criminelle le bruit des pas de
sa sœur ; une faible cloison la séparait de lui ; il
prêtait l'oreille à la psalmodie touchante de sa
prière du soir, au frôlement de sa robe tombée, au
murmure du lit mollement pressé par la jeune
fille, à son dernier baiser sur l'image de la madone.
Léontio ouvrait la croisée pour rafraîchir ses lèvres à la brise nocturne de la mer ; mais la brise,
chargée d'amour et de parfums, ne lui apportait que
tentation et délire. S'il s'endormait un instant, c'é-
tait sa sœur qu'il voyait en rêve ; sa sœur plus
belle que la plus belle Napolitaine ; sa sœur assise
au bord de la mer, comme une amante au rendez-
vous, et l'appelant par son nom, avec une voix

languissante d'amour. Léontio se réveillait en sursaut, et se jetait à genoux pour demander pardon à Dieu de l'inceste qu'il n'avait pas commis.

Un matin, après avoir combattu les fantômes de la nuit, il dit à Stellina de le suivre. Il voulait se purifier à l'air béni de la montagne des Chartreux ; c'était le jour des Rogations, fête pleine de poésie et de grâce.

Ils arrivèrent avant le lever du soleil à cette magnifique Chartreuse que la piété de Charles d'Anjou a élevée à la gloire de saint Bruno. La cérémonie de la bénédiction allait commencer. Rien n'était consolant et beau comme ce cloître aux colonnes de marbre dans le doux éclat des rayons d'un matin printanier. Les grandes et sublimes figures peintes par l'Espagnolet semblaient vivre et jouir dans ce parvis du ciel. Léontio pleurait de joie ; la volupté de la religion lui donnait de pures extases. On ouvrit les portes de l'église à deux battants ; toutes les harmonies de la montagne, tous les parfums du golfe, tous les rayons du soleil levant, entrèrent à flots sous les nefs de la Chartreuse. Le religieux célébrant s'avança sous le portique, et il bénit les fruits de la campagne, il bénit la ville et la mer. Léontio, ravi de bonheur, s'écria :

— Quelle demeure délicieuse !

— *Transeuntibus* [1] *!* dit une voix claire et lente derrière Léontio.

_____

[1] Pour ceux qui passent.

— C'est un mot bien profond s'il est vrai, dit tout bas le jeune homme.

Et il suivit dans une chapelle écartée et déserte le chartreux qui avait prononcé le mystérieux *transeuntibus*.

Le religieux se retourna au bruit des pas de Léontio ; en ce moment des gerbes de rayons illuminaient les figures de Léontio et de sa sœur.

Léontio ne voulait que satisfaire sa curiosité ; il avait vu le visage du chartreux, et il lui demandait sa bénédiction. Le religieux croisa vivement ses bras sur sa poitrine, puis les leva vers la voûte en les secouant, comme avec des convulsions nerveuses : sa figure devint pâle :

— Ressuscités ! s'écria-t-il d'une voix si forte, qu'elle eût fait scandale dans l'église, si elle n'eût été couverte par le chœur des litanies des saints.

— *Ressuscités !* dit Léontio en frissonnant.

— Toi, elle, vous deux.

— Que dites-vous, mon père ?

— D'où sortez-vous, fantômes ? c'est ici la maison de Dieu ; les spectres doivent s'arrêter sur le seuil.

— Mon père ! mon père ! ayez pitié de moi, ayez pitié de ma sœur !

— Elle, ta sœur ! vous avez donc divorcé dans l'enfer ?

— Oh ! mon père, grâce pour nous ! bénissez-nous !

— Que je bénisse les fantômes de Léontio et de
Stellina!

— Il nous connaît! il nous connaît! O mystère
de mort!

— Oui, mystère! Mystère pour toi, mystère pour
moi; eh bien, nous l'éclaircirons. Que vous soyez
morts ou vivants, il faut que tout s'explique. Écou-
tez: voyez-vous cette crête qui s'abaisse devant le
Vésuve? voyez-vous cette touffe de grands pins qui
sort d'une ruine, là-bas, de l'autre côté du golfe?
c'est Ottayano. Ce soir, vous vous y rendrez à six
heures, et vous m'y attendrez. Si je vous y trouve,
c'est une preuve que vous êtes vivants et ressuscités; alors... j'aurai des devoirs à remplir... Si
vous manquez à ce rendez-vous, je rentre à la
Chartreuse et je n'en sors plus. On a les yeux sur
moi; partez.

Léontio et Stellina descendirent lentement de la
Chartreuse, muets et abattus; on aurait dit que la
foudre était tombée sur eux, en leur rendant une
vie stupide. De temps en temps, Léontio laissait
tomber nonchalamment de ses lèvres ces mots:
Ce soir..... à six heures; Ottayano.

Le fracas de Naples lui fit du bien cette fois; en
rentrant dans la ville il retrouva quelque énergie; il
releva fièrement sa tête, qui s'était courbée depuis
le cri du chartreux. — Ma sœur, dit-il, il faut aller
jusqu'au bout du mystère; prenons quelque nour-
riture et un peu de repos; partons ensuite pour

Ottayano le plus tôt possible. Je veux y arriver bien avant l'heure du rendez-vous.

Le printemps donnait une de ses délicieuses soirées aux fraîches collines qui couronnent la vallée d'Ottayano. La mer, obliquement éclairée par le soleil, avait un calme vif et doré: la verdure des îles se balançait au souffle du soir; le Pausilippe riait au golfe; la ville jetait ses clameurs gaies et sonores; le flot et la côte semblaient s'amollir de langueur amoureuse devant les orangers de Sorrente: Ischia rayonnait de vagues à paillettes d'or et d'arbres illuminés; Procida échangeait avec elle des parfums et des chants. Naples, la sirène lascive, n'avait pas assez de son amphithéâtre pour s'étendre voluptueusement au soleil; elle envoyait ses mille barques sur son golfe, sur ses plages, sur ses promontoirs. L'air était tout palpitant de vie, et parlait une langue d'amour en agitant les voiles, les cordages, les banderoles, les pavillons; le Vésuve paraissait attendri de cette joie de la nature; une légère fumée aux teintes de l'iris et de la rose s'élançait mollement du cratère. C'était comme l'emblème d'un remords presque éteint dans le cœur d'un homme heureux.

—Parle-moi, mon frère, disait la jeune fille à Léontio; est-ce que cette belle soirée ne te réconcilie pas avec la vie? sais-tu qu'il est doux de vivre ici; que l'air y est bien léger, que tout ce

qu'on y respire, tout ce qu'on y voit, ressemble au
bonheur ! n'est-ce pas, Léontio ?

— Oui, oui, ma sœur, tout cela ressemble au
bonheur ; mais tourne les yeux ; le vois-tu là, ce
mont qui menace et qui brûle ?

Oui, oui, fie toi au bonheur: ce n'est pas l'ange de
Tobie qui veille sur nous. c'est un spectre ; quand
il nous garde contre un mal, c'est pour nous réser-
ver pis. Fille oublieuse ! enfant ! Mais ne sais-tu pas
pourquoi nous venons ici: crois-tu que ce soit pour
y jouir. contempler, vivre d'extase, boire les parfums de cet air, comme cet heureux oiseau qui chante
sur nos têtes ? Ne sens-tu pas l'immensité de cette dé-
rision, que la fortune nous crie par toutes les voix
du bonheur ? oublies-tu qu'il manque un acteur à
cet éblouissant spectacle ? un acteur, noir comme
le cratère de ce volcan. et qui tantôt. en arrivant
ici, éclipsera notre soleil comme le crêpe d'un ou-
ragan. Pauvre Stellina ! elle s'abandonnait à l'extase ! je sais me tenir en garde, moi, contre ce men-
songe qui nous entoure. En m'asseyant ici, sous ce
pin, je n'ai encore rien vu de ce qui t'a éblouie, toi:
Naples, son golfe, ses îles, son port, ses collines. je
les abandonne à d'autres yeux que les miens. à des
yeux qui n'ont point de larmes: ce que j'ai vu et
bien vu, le voilà : c'est ce château en ruines: il y a
dans ces murailles détruites quelque mystère de
mort qui empoisonne cet air, ces pins. ces îles, ces
vagues. Qu'est-il devenu. le maître de ce domaine?

A lui aussi cette mer était belle, ce ciel lumineux,
cette atmosphère voluptueuse; il n'y a pas toujours eu de l'herbe dans les fentes de cette terrasse;
ce marbre a palpité sans doute sous l'ivresse d'un
bal d'été; que de figures de femmes se sont épa-
nouies à ces balcons qui croulent! et tout cela, ma
sœur, a passé comme cette ombre de fumée qui
glisse sur la Somma. Les ruines restent; oh! les
ruines restent toujours; la vie est dans elles; les
ruines ne meurent pas. (*Après une pause.*) Il tarde
bien, cet homme, de paraître! est-ce que je me serais trompé : ne serait-ce pas ici le lieu qu'il m'a
désigné ?

Pendant que Léontio faisait cette réflexion en
jetant ses yeux autour de lui pour s'assurer de
l'exacte désignation des localités, un vieillard sortit d'une porte qui s'ouvrait au pied d'une tour.
Son costume annonçait la plus grande misère, et
pourtant à sa démarche, à sa coiffure, au genre
même de ses haillons, il paraissait appartenir à une
classe au-dessus des paysans de la campagne de
Naples. C'était comme un fantôme de concierge,
couvert des insignes en lambeaux d'une domesticité opulente. Il fit quelques pas sur la terrasse, les
bras en croix sur la poitrine, la tête tantôt basse,
tantôt relevée en arrière, comme s'il eût regardé
le zénith. Puis, s'arrêtant tout à coup sous un balcon lézardé, il tira des larges basques de son pour-

point une petite mandoline sans cordes, et chanta
d'une voix chevrotante ce couplet.

Laisse tes persiennes vert s
Entr'ouvertes.
Au balcon des corridors
Que toute harmonie arrive
De la rive
Jusqu'à l'alcôve où tu dors.

Le vieillard essuya ses yeux pleins de larmes
avec le bois de sa mandoline, et continua sa promenade sur la terrasse, les bras croisés, tantôt re-
gardant la terre, tantôt le ciel. Il n'apercevait pas
les deux jeunes étrangers qui s'avançaient pour lui
parler. — Pardon, mon père, si je vous suis im-
portun, dit Léontio en s'adressant au vieillard;
est-ce bien Ottayano qu'on nomme cette partie de
la montagne?

Le vieillard s'arrêta tout frissonnant, comme si
une voix l'eût réveillé en sursaut; il fixa sur Léontio et Stellina des regards égarés, ses bras retom-
bèrent lourdement, sa poitrine se gonfla, les veines
de son cou se teignirent de noir, un souffle bruyant
murmura dans sa gorge et dans ses narines; puis
sa figure s'épanouit dans un accès de gaieté déli-
rante, et il s'écria d'une voix tonnante: — Stellina! Léontio! ah! mon bon Dieu! ah! je le savais
bien, que vous n'étiez pas morts! Non, les anges ne
meurent pas, mes honnêtes enfants, mes jeunes maî-

tres! Et d'où venez-vous? Oh! que vos habits sont
laids! Stellina, qu'avez-vous fait de la robe espa-
gnole qui vous allait si bien? On danse, on danse
partout : c'est le jour de votre mariage; vous êtes
bien pâle à la noce, jeune épouse; prends garde au
moine, beau mari! le voilà! le voilà! On t'empoisonne, Léontio!

— Oh! s'écria Léontio, étouffé par une émotion
non ressentie encore, oh! suis-je éveillé? Stellina,
ma sœur, ma sœur, secoue-moi, secoue-moi, mords
ma main, brise mon front avec un caillou, je veux
me réveiller!

Stellina poussait des cris sourds et embrassait
son frère. C'était comme un horrible trio de fous :
le vieillard riait des lèvres, les yeux fixes et vitrés;
Léontio, la chevelure secouée par l'agitation con-
tinuelle de sa tête, et voilant à demi son pâle visage; Stellina, se collant à la poitrine nue et brune
de Léontio, et l'inondant de pleurs.

— Impossible! impossible! s'écria Léontio. La
réalité a menti: c'est une infâme trahison! tu es
un bandit de comédie, vieillard' On t'a aposté ici
pour faire ton jeu. Laisse-moi, Stellina, laisse-moi
le tuer d'un coup de poignard.

Le poignard étincelait dans la main nerveuse de
Léontio, et l'écume tombait de ses lèvres verdâtres.
Le vieillard n'eut pas la moindre émotion; il ne
recula pas, il n'étendit point ses bras pour parer

le coup; un calme sourire de bonheur se glissa sur
sa figure: ce fut Léontio qui recula.

— Mes bons enfants, dit le vieillard avec un accent mélancolique, oh! combien je vous ai pleu-
rés! les larmes ont brûlé mes yeux. Vous revenez
d'un long voyage, n'est-ce pas? Venez vite: vos
nobles parents vous attendent. Voyez comme le
château s'est paré pour vous recevoir. C'est moi qui
ai arboré sur cette tour le pavillon de Léon et de
Castille : comme il fait bien au vent, ce pavillon!
Avez-vous vu la chambre nuptiale? Oh! elle donne
du plaisir!... Il y a les deux plus beaux cadavres...

— Tais-toi, tais-toi, génie d'enfer! s'écria Léontio. Mais que me veut ce spectre de vieillard? Fantôme, rentre dans ta tour. Viens, Stellina; descendons à la ville... J'ai peur.

— Je ne vous quitte plus, mes jeunes maîtres, je
vous suis partout; ne me refusez pas la grâce de
mourir auprès de vous.

— Va-t'en, va-t'en! tu te feras tuer...

— Ah! vous êtes bien ingrat, Léontio. C'est moi
qui ai cousu de mes mains votre suaire...

Stellina n'eut que le temps de détourner le coup
de poignard; il glissa sur le bras du malheureux
insensé, et le sang jaillit sur ses haillons.

— Mon frère! mon frère! tu te fais assassin! O
mon Dieu! veille sur sa raison!

Le vieillard ne remarqua ni le coup de poignard,
ni le sang qui coulait sur son bras. Léontio s'était

un peu calmé à la vue du sang; il s'approcha du
vieillard avec intérêt pour visiter sa blessure, et en
lui parlant avec douceur.

Le vieillard repoussa de la main la main de
Léontio; une rougeur écarlate resplendit sur ses
joues ridées; des éclairs jaillirent de l'azur orageux
de ses yeux. — Non! non! s'écria-t-il d'une voix
retentissante. non! vous n'êtes pas mes jeunes maîtres! Ils sont morts, et bien morts; j'ai senti, moi,
l'odeur de leurs cadavres quand ils pourrissaient au
soleil. Vous êtes deux spectres sortis de l'enfer
avec les figures de Léontio et de Stellina. Oh! qu'ils
ressemblent bien à des spectres, surtout celui-ci!
Oh! quelle odeur de soufre ils portent avec eux!
Partez, Satan, démons! Frère Gandolfo, viens dire
les prières de l'exorcisme! Oh! l'enfer! Comme ils
grincent des dents! Léontio crache des lézards!
Fantômes! fantômes! hors d'ici! Oh! elle est belle,
celle-là; mais voyez ses cheveux: ce sont des cou-
leuvres; sa langue est une flamme d'arsenic! Las
Vegas! Ottayano! venez lapider ces fantômes qui ont
volé la chair de vos enfants! San Stefano vous four-
nira les pierres. On les a empoisonnés, vos enfants;
c'est le bourgeois Marco Théona, en habit de moine,
qui a versé le poison. Il a bien fait, le moine Marco.
N'est-ce pas Las Vegas qui, par jalousie, a mutilé
Théona, le jour même où Théona épousait sa belle
Romaine? J'ai été témoin du crime, moi. Le moine
s'est vengé: Théona s'est vengé: crime pour crime.

Théona n'était pas de sang noble, lui ! on l'a traité comme un pourceau : Théona s'est vengé, il a bien fait. Bravo, Théona !

Et le vieillard marchait d'un pas précipité vers les ruines, les bras levés au ciel, en criant : *Bravo, Théona !*

Un autre acteur arrivait.

C'était le chartreux en habit de paysan ; il montait lentement le petit sentier et se dirigeait vers Léontio.

— Suivez-moi, dit-il d'un air mystérieux.

Le chartreux marcha vers les ruines du pas résolu d'un homme qui sait où il va. Il traversa une petite cour toute jonchée de pierres et de broussailles ; il entra dans un vestibule plein de décombres, où paraissait suspendu l'escalier qui conduisait aux appartements supérieurs. Les premières marches en avaient été détruites : il suppléa aux marches écroulées en amassant des pierres sous les débris de l'escalier, avec l'aide de Léontio. Stellina eut de la peine à les suivre sur ces degrés mouvants et improvisés. Enfin elle atteignit la rampe, qui tremblait sous les mains convulsives de Léontio. Les trois acteurs de cette scène, parvenus au premier étage, traversèrent une galerie dévastée, dont les fresques avaient presque entièrement disparu. On lisait sur les murs d'atroces injures contre les Espagnols ; elles paraissaient écrites avec du sang. Au bout de la galerie était une porte murée :

l'étranger s'arrêta devant et tira des plis de son manteau un énorme instrument de fer.

Une brèche assez large fut faite en un instant. L'obscurité régnait dans cette salle, dont la fenêtre avait été murée comme la porte. L'inconnu entra le premier et démolit le mur bâti contre les volets.

— Entrez, dit-il à Léontio; il fait grand jour maintenant. (Et il laissa tomber son marteau de fer.) Léontio, Stellina, reconnaissez-vous cette chambre?

Stellina était mourante; elle s'assit sur un fauteuil, et ne répondit pas. — Comment voulez-vous que je la reconnaisse? répondit vivement Léontio; je ne suis jamais venu à Naples, et cette salle est fermée depuis bien longtemps.

— Eh bien, dit froidement l'inconnu, c'est votre chambre nuptiale, c'est la chambre où vous êtes morts.

— Ah! quand ce rêve finira-t-il? murmura tout bas Stellina.

Léontio était au désespoir et regardait autour de lui avec des yeux effrayants.

— Il s'est commis un crime, dit-il, oui, un crime: ce marbre l'atteste; ce marbre a bu du sang ou la sueur d'une double agonie! On reconnaît là les traces de deux cadavres.

— Oui, tu dis vrai, Léontio; c'est ici où tu as été empoisonné, toi et ton épouse: voilà la trace du cadavre de Stellina, voilà la trace du tien. Ces deux flambeaux ont éclairé ta dernière nuit; ces habits

sont les tiens; ces robes sont celles de ta femme;
vous pouvez les revêtir : ils iront à votre taille;
voilà ton épée, dont la poignée d'argent figure la
lettre L. Reconnais ton chiffre, Léontio. Voilà le lit
nuptial; tu n'y as jamais dormi, jeune époux !

— Songe d'enfer! s'écria Léontio au comble du
délire; sainte Vierge, à mon secours! Est-ce qu'il
ne me semble pas maintenant que je reconnais
cette chambre? Ce souvenir a été fugitif comme
l'éclair, mais j'ai eu le temps de le saisir, Stellina!...

— Viens, viens, mon frère; sortons, sortons, ou
je meurs ici, oui, j'y meurs!...

— Pour la seconde fois, dit l'inconnu avec un
grand calme.

Jamais figure d'homme n'exprimera le mouvement intérieur de Léontio à cette réponse poignante
de sang-froid.

L'inconnu continua :

— Jeunes gens, ce n'est rien encore; vous êtes ici
en mon pouvoir, vous n'en sortirez qu'après avoir
tout vu. Je vous épouvante, n'est-ce pas? Il faut
que tu sois bien lâche, non pas toi, faible femme,
mais toi qui as déjà le regard de l'homme et qui
parais en avoir le cœur; regarde si j'ai l'air de
trembler, moi, Léontio! Regarde ma figure, elle est
sereine, mes doigts n'ont pas de convulsions, mon
pouls est calme! Je suis dans un lieu où tout me
rappelle une épouvantable nuit, une nuit comme

les étoiles n'en éclaireront plus; eh bien, je suis à
mon aise. Et pourtant, lorsque je vous vois tous
deux là, devant moi, devant ces portraits, devant
ces vêtements de noces, je suis moins sûr de mon
existence que de votre mort. Pour moi, vous êtes
deux horribles fantômes échappés du tombeau, afin
de troubler ma vie. Tu dis que tu crois rêver,
Léontio! et moi je ne puis pas même me rassurer
avec cette idée du songe; car je n'ai pas ton imagination folle, moi. Je me rends fort bien compte
de mon état; je sais que tout est réalité dans ce
que je vois, et ce que je vois, je ne le comprends
pas. Léontio. il y a dix-huit ans passés que je me
suis enfermé dans la chartreuse Saint-Martin; là, je
ne me suis occupé que de Dieu et de toi. Ce que le
monde a fait dans ce temps, je l'ignore et m'en
soucie fort peu; je n'ai pensé qu'à ce que j'ai fait,
et surtout à ce qui m'a été fait. J'ai cherché dans
le calme d'une Chartreuse une distraction à mes
souvenirs, un remède à mes maux, un pardon à
mes... fautes. Après dix-huit ans, je touchais à la
guérison. Je t'ai vu hier, toi et ta femme!... Que
maudit soit le jour d'hier! C'est le démon du fort
Saint-Elme qui vous a conduits par la main à la
Chartreuse! Mes dix-huit ans de résignation sont
perdus! Il faut que je me mette à la piste d'une
énigme, et, si j'en trouve le mot, il faut que ma
main soit esclave d'un ancien serment fait sur la
tombe de ma femme! il faut que je ramasse cette

aiguille d'or, et qu'avec sa pointe j'écrive, pour la
seconde fois, un mot sur la poitrine d'un cadavre.
Tout cela n'est pas bien clair pour toi, Léontio;
mais ces murs me comprennent, ces marbres trem-
blent en m'écoutant, les rideaux de cette alcôve
frissonnent. Oh! Dieu m'en est témoin; si je forme
un vœu à cette heure, c'est que ta chair ne soit
point de la chair, c'est que la chair de ta femme ne
soit pas une chair de femme; soyez spectres tous
deux pour me rendre innocent. Rassure-moi, Léontio;
n'est-ce pas que tu viens de sortir de la tombe? Te
souviens-tu d'avoir vécu au soleil? Non, non, ton
corps n'est que l'apparence d'un corps, n'est-ce pas?
Laisse-moi toucher les cheveux de ta femme...

— Misérable! je t'étrangle, si ton regard seulement souille ma sœur!

— Oh! ne t'alarme pas, Léontio; ma main ne
peut rien sur une femme; elle est froide comme
celle d'une statue! Si le cœur d'une femme pouvait
palpiter sous ma main, nous ne serions pas ici oc-
cupés à nous servir d'épouvantail mutuel.

— Oh! s'écria Léontio, voyons, qu'as-tu à me
dire encore? Ma sœur a besoin de repos: délivre-
nous de toi et de ton attirail de mort; je suis las
de t'écouter; voici bientôt la nuit...

— Ah! tu es las de m'écouter! dit l'inconnu avec
un aigre sourire; ce n'est pas du sang de fantôme
qui coule dans tes veines! tu n'as pas la froideur

du tombeau, bouillant jeune homme; tant pis! Eh bien, si tu n'écoutes pas, regarde!

Et il arracha lestement les voiles noirs qui couvraient les deux portraits; on aurait dit qu'ils avaient été peints la veille : ils étaient frappants de ressemblance, de formes, de taille, avec Léontio et Stellina.

— Pour compléter la ressemblance, ajouta l'inconnu, ramassez vos habits de noce et revêtez-les.

Stellina se leva, fit le signe de la croix et retomba sans connaissance sur le fauteuil; le cri de l'effroi s'arrêta entre les lèvres béantes de Léontio. Les doigts de sa main gauche se crispaient dans les larges touffes de ses cheveux. Il s'évanouit.

VI

LE TOMBEAU.

Stellina était revenue de son évanouissement; assise sur le marbre, elle avait posé sur ses genoux la tête de Léontio, et la couvrait de larmes. Léontio semblait dormir : sa respiration s'entrecoupait de soupirs et de cris sourds; c'était une léthargie, sans doute, pleine de rèves pénibles. Stellina n'osait interrompre ce mauvais sommeil, qui, du moins, était une sorte de trêve, une apparence de repos.

La lune était réfléchie dans une glace de la chambre, et semblait regarder le groupe fraternel tout illuminé de ses mélancoliques rayons. Cette triste veillée s'éclairait ainsi au flambeau du soleil des ruines. La jeune fille, protectrice du sommeil de Léontio, avait trouvé dans cette fonction si douce un courage bien au-dessus de sa faiblesse ordinaire. En reprenant ses sens, elle n'avait plus revu le chartreux; et, quoiqu'elle craignît à chaque instant de le voir entrer, elle se trouvait presque heureuse d'être délivrée de la présence de cet homme mystérieux. Léontio fit un léger mouvement de tête et ouvrit les yeux; la figure penchée de Stellina qui le regardait lui rendit un peu de force au cœur.

— Où sommes-nous? s'écria-t-il d'un air égaré; dis, Stellina, où sommes-nous?

— Tu es auprès de moi, mon frère, répondit la jeune fille, avec une voix plus harmonieuse que le son de la lyre qui endort les douleurs.

La voix de la femme a été notée pour embaumer la souffrance; la voix de la femme est un écho du ciel.

Léontio baisa les mains de Stellina en versant d'abondantes larmes; tout à coup, il jeta de rapides regards autour de lui, et dit d'une voix basse et tremblante :

— Où est il, le spectre de la Chartreuse? sommes-nous seuls?

6

— Oui, oui, mon frère ; il y a déjà trois heures
que je garde ton sommeil, et personne n'est plus
entré ici. J'ai entendu deux voix là-bas, sur la terrasse : une de ces voix m'est connue, c'est celle du
chartreux ; l'autre, je ne l'ai jamais entendue : elle
est forte, brusque et hautaine. Si j'avais pu t'aban-
donner un seul instant, je me serais rapprochée de
la croisée ouverte, pour écouter leur conversation ;
de cette place, je n'ai pu entendre que des mots
sans suite : nos noms étaient souvent prononcés
par ces deux hommes. Il y a bien longtemps qu'ils
sont partis, du moins je le présume, car je n'ai plus
entendu que le souffle de ton sommeil.

Léontio marcha vers la croisée et regarda la campagne. Pas un être vivant n'animait ce désert ; la
brise était suave à respirer ; l'aube blanchissait
déjà la cime des grands pins ; on entrevoyait quelques barques qui cinglaient d'Ischia vers Misène ;
l'alouette lançait à l'air des notes claires, veloutées,
joyeuses ; c'était la seule voix qu'on entendît sur
le sommet silencieux d'Ottayano. Stellina, qui s'a-
bandonnait avec sa légèreté de jeune fille aux douces
impressions du moment, aussi oublieuse du passé
qu'imprévoyante du plus proche avenir, Stellina
disait à Léontio :

— Mon frère, ce charme de l'aube me fait un
plaisir doux comme une de tes caresses ; je n'ai jamais vu la nature si belle. Dans la maison où nous
avons passé notre enfance, j'ai vu la mer bien des

fois, mais cette mer était triste et la montagne mélancolique. A Rome, je n'ai jamais joui de la fraîcheur de l'aube dans notre rue de Saint-Théodore; de notre croisée on voyait des ruines noires,
de vieux murs de briques et de pauvres gens qui
allaient au travail avant le soleil, pour se faire la
journée plus longue. Ici, regarde comme tout est
beau; respire comme tout est parfumé! Oh! viens,
oublions tout, descendons là, dans ce bois; allons
voir lever le soleil, au bord de cette montagne qui
s'avance vers la mer. Viens, mon frère, cela te fera
du bien.

Léontio, la tête encore bouleversée, se laissa en-
traîner par Stellina. Ils descendirent l'escalier en
ruines, et arrivèrent sur l'esplanade.

Ils marchaient au hasard, silencieux et craintifs;
au moindre bruit, Léontio saisissait son poignard,
et la flamme lui montait au visage. Il y avait assez
de clarté déjà pour distinguer tous les objets voi-
sins.

Un massif de cyprès frappa Léontio.

— Voici un tombeau, dit-il: les tombeaux nous
poursuivent! c'est un sarcophage abandonné depuis
longtemps, car il est tout couvert de lierre et de
hautes herbes: c'est un bel effet de paysage!

Il s'avança, et coupa avec son poignard les
arêtes du lierre collé contre la porte du tombeau.

— Voici des lettres, c'est une épitaphe, sans doute:

j'aime les épitaphes, je veux lire celle-ci; voyons
si...

Il ne put achever; ses cheveux se hérissèrent
d'horreur: d'un signe il appela Stellina, restée un
peu en arrière; elle suivit l'indication du doigt de
Léontio.

Le jeune homme prononça lentement et d'une
voix sourde les mots de l'épitaphe :

LÉONTIO ET STELLINA,

MORTS LE 11 MAI 1646, JOUR DE LEUR MARIAGE !

Les deux jeunes gens se regardèrent quelques
instants dans un silence de stupéfaction.

Le désespoir donna à Léontio un accès de force,
de courage et de fureur; il ouvrit la porte du tombeau et vit deux places de cadavre...

— Vide! s'écria-t-il... Mais regarde, regarde,
Stellina, ces deux médaillons de marbre; reconnais-
tu ces profils? y a-t-il deux profils comme le tien au
monde? Mon Dieu, mon Dieu, descends, parle-moi
sur la montagne, comme à Moïse, ou je meurs fou!

La jeune fille s'était agenouillée sur le gazon et
priait, un chapelet à la main.

Tout à coup il se fit une révolution sur la figure
de Léontio. Ses traits rayonnèrent comme de bonheur, ses yeux s'éclairèrent de joie.

— Eh bien, oui! s'écria-t-il, j'accepte l'épitaphe!
Merci, tombeau! merci, révélation de la tombe!

Oui, oui, Stellina, ce jour n'est pas un jour de
mort; cette aube est le rayon matinal de ma vie!
Ces cyprès sont des myrtes! ces lettres funèbres
étincellent d'or! Stellina, Stellina! lève-toi, lève-toi!
tu n'es plus ma sœur; Léontio n'est plus ton frère;
je suis ton amant, ton époux! Oh! je le savais bien,
Stellina, Dieu ne m'aurait pas mis au cœur une
passion criminelle! Oui, oui, je suis fantôme, je
suis ressuscité, je suis une exception dans la nature:
tant mieux! Que m'importe de vivre d'une vie de
mort, si je puis aimer Stellina comme une amante:
je suis prêt à tuer celui qui viendrait m'expliquer
ce mystère en me rendant une vie et une sœur!
Je veux être mort et ton époux, plutôt que ton frère
et vivant.

Et il entraînait Stellina vers la grande allée de
pins; la jeune fille pleurait de joie: jamais elle
n'avait vu Léontio dans cette auréole de bonheur;
elle, toujours si soumise à son frère, écoutant sa
voix comme la voix de Dieu, elle s'abandonnait à des
caresses de flamme, sans crainte ni remords. Bien
loin de dissuader Léontio d'une erreur qui conso-
lait l'inconsolable jeune homme, elle n'ouvrit la
bouche que pour mettre le comble à sa joie.—Oui,
oui, mon frère .. mon ami, mon Léontio, oui, c'est
Dieu qui t'inspire; c'est Dieu qui nous a conduits
ici par la main. Eh! je le sentais bien aussi, que
je ne t'aimais pas de l'amour incestueux d'une
sœur; oh! je t'aimais bien mieux! Combien de fois

une parole d'amour s'est arrêtée sur mes lèvres !
Et ce matin, quand tu dormais sur mes genoux, tu
ne sais pas combien de caresses d'amante tu as re-
çues sur le front : c'est ce qui t'a rendu la vie, Léontio, mon frère, mon ami...

— Ton époux ! ton époux ! Notre contrat de mariage est écrit sur le bronze ! Dieu lui-même a semé
du lierre sur ce registre nuptial, afin qu'aucun
doigt profane ne pût l'effacer. Tiens, crois-tu que
ces baisers dont je te brûle soient des baisers de
cadavre ! Adieu, Naples ! adieu le monde ! adieu
tout ! Viens, Stellina.

Et ils étaient entrés dans ce pavillon du bout de
l'allée, le même où l'autre Léontio et l'autre Stellina furent surpris par le moine empoisonneur.....
On n'entendit plus que le murmure de la fontaine
voisine, le chant de la brise dans les aliziers, et le
son des molles vagues expirantes sur le rivage.

Le soleil était bien haut sur l'horizon quand les
deux époux de la mort quittèrent le pavillon nuptial : Léontio, serein comme un ange du ciel ; Stellina, langoureusement suspendue au bras de son
ami. Ils étaient tout entiers l'un à l'autre et ne
s'apercevaient pas qu'un étranger faisait mine de
leur barrer le passage de l'allée.

— Mon ami, rentrons dans le bois, dit Stellina ;
voici encore quelque mauvaise nouvelle qui nous
arrive.

— Oh ! maintenant, mon amie, je défie bien l'en-

fer de m'épouvanter; tu es ma femme, cela me
suffit; tout le reste m'est indifférent.

Il considéra avec attention l'inconnu de l'allée,
et s'arrêta brusquement.

—Non, dit-il, non, mes yeux ne me trompent
point : c'est Salvator Rosa!

—Oui, vous m'avez reconnu, répondit le grand
artiste en se rapprochant; et c'est vous que je cher-
che. A notre première entrevue, vous étiez sans
nom, et vous me traitiez d'Excellence; aujourd'hui,
c'est le plébéien Salvator Rosa qui salue le duc d'Ottayano.

Léontio gardait le silence, ne comprenant rien à
ce début. Salvator continua :

— J'aime les aventures, moi; j'aime les hommes
de passion orageuse; je me fais souvent conter des
histoires par ceux qui ont beaucoup vu, beaucoup
joui, beaucoup souffert. Ma vie est la plus fabu-
leuse des vies; j'aime les gens qui me ressemblent.
Je vous ai suivis pas à pas depuis le jour de notre
rencontre au Janicule. Le lendemain je me rendis à
votre maison de la rue Saint-Théodore, on me dit
que vous étiez parti pour Naples; j'avais quelques
affaires de famille à régler à Naples, je pris donc le
même chemin que vous. Un vif intérêt, une curiosité singulière, m'attachaient à votre existence. A
force d'interroger mes souvenirs, je me rappelai
que je fus un jour appelé là, dans ce château, pour
peindre deux époux qui portaient le même nom

que vous et madame. J'appris ensuite que cette
noce avait fini par un empoisonnement. Je ne crois
pas, moi, aux choses surnaturelles, bien que mon
imagination soit folle à volonté; je ne pus admettre
que c'était votre figure qui avait passé sous mon
pinceau; il fallait donc qu'un autre enfant fût né
de la même mère. Mais à qui m'adresser pour me
conduire dans un labyrinthe de conjectures? Tous
les maîtres de ce château étaient morts de mort
violente ou naturelle; il ne restait de deux familles
qu'un concierge fou. Il me vint à l'idée que si deux
enfants nouveaux étaient nés après la mort des
premiers, à coup sûr un prêtre les avait baptisés
sous le même nom que leurs frère et sœur : c'est
l'ordinaire consolation des parents malheureux.
Après trois jours de recherches dans les églises de
Naples, j'ai enfin découvert un vieux franciscain
qui s'est souvenu d'avoir donné le baptème à deux
enfants dans une maison éloignée de la ville, et d'y
avoir été conduit avec un mystère qui semblait
être une précaution contre un ennemi acharné. Le
franciscain m'a ajouté qu'il se rappelait fort bien
toutes les circonstances de cet événement, car il
avait été rémunéré de son œuvre avec une grande
libéralité. — Bien plus, a-t-il dit, je me souviens
que la petite fille Stellina avait au bas de sa poitrine une légère empreinte écarlate qui figurait
une aiguille d'or, comme celles que les femmes portent aux cheveux...

Léontio poussa un cri de joie, se précipita au cou
de Salvator Rosa et le tint longtemps étroitement
embrassé. — Oui, oui, s'écria-t-il, c'est vrai ! c'est
vrai ! Homme du ciel, tu me rends la vie !

Stellina pleurait d'attendrissement. Salvator continua :

— Mes pas étaient attachés aux vôtres, comme je
vous l'ai dit : hier soir, à l'entrée de la nuit, je suis
arrivé là, sur cette esplanade, avec deux domestiques; je vous appelai à haute voix par votre nom.
et personne ne répondait; enfin un homme est
sorti de ces ruines, j'ai couru à lui, et lui a trem-
blé en me reconnaissant : c'était Marco Théona ! J'a-
vais longtemps vécu avec lui dans les Abruzzes,
moi, peintre de paysages, et lui bandit. Un grand
malheur, le désespoir, la vengeance, avaient jeté
Théona dans les Abruzzes; il était toujours sur la
route de Naples à Rome, comme un chasseur à la
piste qui attend le gibier qu'on lui a désigné. J'ai
usé de mon ascendant sur Théona pour lui arracher des secrets, car je savais que son histoire se
liait à celle de vos familles; je l'ai menacé de le
livrer aux sbires; il a parlé. « Allons à Naples, m'a-
t-il dit; ce n'est qu'à Naples que je puis vous indi-
quer la retraite de Léontio et de Stellina. » Nous
sommes descendus de la montagne. A Portici, nous
avons pris une barque; sur le point d'aborder,
Théona m'a dit : « Vos deux protégés sont peut-être
morts; vous les trouverez dans les ruines d'Ot-

tayano ; il y a tout auprès un tombeau vide, avec
leurs noms gravés ; vous n'aurez pas beaucoup de
peine pour les ensevelir. Quant à moi, mon malheureux destin est accompli ! » Et il s'est jeté à la
mer. Au lieu de deux cadavres à ensevelir, j'ai
trouvé deux époux à embrasser. Venez prendre vos
vêtements de noces.

— Ah ! dit Léontio en baisant les mains du grand
artiste, je n'aurais pas cru que le bonheur fût si léger ! Quel jour que celui-ci ! Où puis-je voir finir
un aussi beau jour ?

— Où il a commencé ! dit Salvator. Demain vous
viendrez à ma maison du Pausilippe ; là, je vous
expliquerai tout ; aujourd'hui nous restons à votre
château, duc d'Ottayano ; mes domestiques ont
songé à tous nos besoins. Dans une heure vous se-
rez mariés à l'église de Resina, et ce soir......

Le soir dans la chambre nuptiale, tout illumi-
née, le duc et la duchesse d'Ottayano, revêtus des
habits de leurs frère et sœur, recevaient les félicita-
tions de Salvator Rosa et de sa famille ; puis les
flambeaux s'éteignirent, une seule lampe d'argent à
quatre rayons éclaira la chambre.

De brûlantes paroles d'amour s'échangèrent encore auprès de ce lit, couvert de la riche étoffe
aux franges d'or ; mais cette fois les époux y dor-
mirent.

Le lendemain Léontio dit à sa femme :

—Mon frère et ta sœur sont morts indignement ici; Dieu ne pouvait pas les ressusciter; mais Dieu est juste, il a fait tout ce qu'il était en sa puissance de faire; il les a ressuscités en nous.

FIN.

CHEZ LES MÊMES ÉDITEURS

BIBLIOTHÈQUE NOUVELLE

à 50 centimes le volume

Format grand in-32 (diamant) imprimé sur très-beau papier de choix, caractères neufs.

EN VENTE

A. DE LAMARTINE.

Graziella, 1 vol. . . . 50 c.
La Jeunesse, 1 vol. . . . 50 c.
L'Enfance, 1 vol. . . 50 c.

ÉMILE DE GIRARDIN.

Émile, 1 vol. . . . . 50 c.

MICHELET

Pologne et Russie, 1 vol. 50 c.

H. DE BALZAC.

Traité de la vie élégante, 1 v. 50 c.
Code des gens honnêtes, 1 v. 50 c.

NESTOR ROQUEPLAN.

Les Coulisses de l'Opéra, 1 v. 50 c.

FRÉDÉRIC SOULIÉ.

Le Lion amoureux, 1 vol. . 50 c.

ALEX. DUMAS FILS.

Un Cas de rupture, 1 vol. . 50 c.

THÉOPHILE GAUTIER.

Les Roués innocents, 1 vol. 50 c.

MÉRY

Les Amants du Vésuve, 1 v. 50 c.

LÉON PAILLET.

Voleurs et Volés, 1 vol. . 50 c.

ÉDOUARD DELESSERT

Une Nuit dans la Cité de Londres, 1 vol. . . . . 50 c.

Mme LOUISE COLET.

Quatre Poëmes couronnés par l'Académie, 1 vol. . 50 c.

LE VICOMTE DE MARENNES.

Manuel de l'Homme et de la Femme comme il faut, 1 v. 50 c.

EDMOND TEXIER.

Une Histoire d'hier, 1 vol. . 50 c.

HENRY DE LA MADELÈNE.

Germain Barbe-Bleue, 1 vol. 50 c.

GUSTAVE DESNOIRESTERRES.

Un Amour en diligence, 1 v. 50 c.

MARQUIS DE VARENNES

Pris au piège, 1 vol. . . 50 c.

PAULIN LIMAYRAC.

Les Surprises de la vie, 1 v. 50 c.

MAURICE SAND.

Deux Jours dans le monde des papillons, avec une préface de Mme George Sand, 1 vol. . . . . . 50 c.

PARIS. — IMP. DONDEY-DUPRÉ, RUE SAINT-LOUIS, 46.

www.ingramcontent.com/pod-product-compliance
Lightning Source LLC
LaVergne TN
LVHW050629090426
835512LV00007B/743